Schokoladenrebellen

Holger in't Veld

Schokoladenrebellen

Der Sound der neuen Kakaokultur

Dank

Großer Dank an Jutta Drewes, Astrid Pankrath und Nouschin Askar, das gesamte Team der letzten Jahre, allen voran Christoph Wohlfarth sowie in besonderem Maße Ronald Herrmann (www.erkenntniskueche.de), Sonja Knecht, Philip von Winterfeldt, Ole Wagner, Oliver »Candyman« Waack-Jürgensen (www.schock-o-lata.de), Oliver Kleinschmidt, Hans-Georg Schmid (www.berliner-kochkurs.de) und meine lieben Nachbarn (www.goldhahnundsampson.de).

Für ihren Beitrag und beständige Inspiration: Laurent Gerbaud, Josef Zotter, Claudio Corallo, Gianluca Franzoni, Frank Andrich, Santiago Peralta, Philipp Kauffmann.

Für die besten Kakaoboys Bas und Navid.

1. Auflage 2010

© Eichborn AG, Frankfurt am Main, März 2010
Umschlaggestaltung und Illustrationen: © Jutta Drewes, Hamburg
Ausstattung, Typografie: Susanne Reeh
Satz: Greiner & Reichel, Köln
Druck und Bindung: CPI – Clausen & Bosse, Leck
ISBN 978-3-8218-6506-5

Mix
Produktgruppe aus vorbildlich bewirtschafteten
Wäldern und anderen kontrollierten Herkünften
www.fsc.org Zert.-Nr. GFA-COC-001223
© 1996 Forest Stewardship Council

FSC

Eichborn Verlag, Kaiserstraße 66, 60329 Frankfurt am Main
Mehr Informationen zu Büchern und Hörbüchern aus dem Eichborn Verlag finden Sie unter www.eichborn.de

Inhalt

Prolog
Schokoladenrebellen?
Kakaoboys!

»Der Hahn kräht nur, wenn er das Licht sieht.
Bleibt er im Dunkeln, kräht er nie.
Ich habe das Licht gesehen und ich krähe.«

CASSIUS CLAY

AKA MUHAMMAD ALI

Ich schlendere durch die spätsommerlichen Gassen einer zucker-
bäckerigen Kleinstadt und atme Frieden. Die Farben sind aus
Hollywood in den 60ern, der heraufziehende Abend riecht bereits nach Rotwein und Käse. Nichts fehlt. Schokoladenlaune.
Ich muss nicht suchen: Schon der erste der verwinkelten Schatz-
kästenlädchen hat die gesamte neue Welt: Chocolate, Chocolat,
Xocolat, Xocoatl und Schokuspokus. Französische Grand Cru-Ta-
feln, katalanisches Schokodesign, englische Biotaler, italienische
Nougatbatzen, handgeschöpfte Käse-Pilz-Kombinationen, Mar-
zipan-Balsamico-Pasteten, schokolierte Früchte, mundgeblasene
Trüffel mit Veilchen, Rosen und Goldstaub für 100 Euro. Ich
nehme ein Stückchen sortenreine 75-prozentige Soconusco, kann
es aber wegen dem aus überall verteilten winzigen Boxen herab-
regnenden Wiener-Walzer-Zuckerguss nicht genießen.

Salz- und Flucht-Gelüste keimen.

Noch eine heiße Schokolade? Ein Mousse-Törtchen? Ein
Chili-Praliné, mit einer Wirkung, o, là, là! ... oder ein Schoko-

Bodypaint für späte Stunden? Non, merci. Ich stolpere hinaus, doch links und rechts herrscht plötzlich braunes Treiben: offene Wein & Schokolade-Degustationen, Petit Fours- und Churros-Stände, ein aus Schokolade gegossenes Neuschwanstein, Dragier-Werkstätten und ein Schoko-Legoland. Mir wird heiß und übel. Hexen, Alraunen und Azteken tanzen vor meiner Nase. Ich renne zum Marktplatz, um Ruhe zu finden, doch der Brunnen pumpt kein Wasser, sondern ölige Schokoladensuppe, in die Busladungen von aufgeregt schnatternden Japanern und Amerikanern mitgebrachte Marshmellows dippen. *Isn't it crazy? So delicious!* Auf der Bühne dahinter stehen die Fischer-Chöre und singen »We Are The World«, dirigiert von Juliette Binoche und begleitet von Rondo Veneziano. Auf Französisch.

Ich kollabiere. Hätte ich eine Bombe, würde ich sie legen. Und für ein Sauerteigbrot zünden.

Alles neu

Bumm! Heile Welt kaputt, was nun? Willkommen im etwas anderen Buch über Schokolade, so süß, zart schmelzend und voll schönster Kindheitserinnerungen, glücklich machend und neuerdings auch noch gesund. Alles richtig, alles falsch? Wovon ist überhaupt die Rede?

Seit einigen Jahren wird die Kombination aus Schokolade und Wein heiß gehandelt. Die Sprache ist dabei die gleiche – wie beim Wein ist von Bohnensorten, Anbaugebieten und Verarbeitungsmethoden die Rede, es gilt, Säure, Frucht und Bitterstoffe zu identifizieren. Ich trinke gerne Wein. Wie viele Winzer gibt es, wie viele Rebsorten, wie viele große und kleine Nuancen im Geschmack? Sehr viele.

Doch wie viele Schokoladenhersteller gibt es, wie viele Kakaosorten, wie viele große und kleine Nuancen im Geschmack? Ein gutes Dutzend großindustrieller Unternehmen verwandelt seit mehr als einem Jahrhundert den weltweit billigsten Kakao streng preisorientiert in Produkte, die mit Keksen und Gummibärchen um die Gunst der Süßwaren-Käuferschaft konkurrieren. Daneben gibt es grade mal ein paar Handvoll kleinere Unternehmen, die sich den Luxus einer eigenen Kakaoverarbeitung leisten. Angesichts der Tatsache, dass die Vielfalt der Bohnen mit der von Trauben problemlos mithalten kann, die Möglichkeit, daraus unterschiedlichste Geschmäcker zu erzeugen, sogar noch weit darüber hinaus geht, haben wir seit ein paar Jahren eine Zweiteilung der Schokoladenwelt – hier Genussmittel, dort Junkfood. Doch auch wenn die Anzahl der Bauern, die sich um die Qualität ihrer Früchte sorgen, und der Chocolatiers, die selbst Bohnen rösten und vermahlen, beständig wächst, im Vergleich zu den Zahlen im Weingeschäft ist es immer noch ein verschwindender Bruchteil. In Zeiten, in denen sich jeder Industriewaren verarbeitende Konditor als Chocolatier ausgibt, man vor lauter Bio den Baum nicht sieht und selbst McDonalds den regionalen Ursprung seiner Rohstoffe bewirbt, braucht es ein Buch, um den guten Weg zu finden: Vergangenheit, Gegenwart und Zukunft von Schokolade und Kakao, neues Wissen, neuer Geschmack, neuer Sound.

»Chocolat«

Seit dem Jahr 2000 bestimmt ein Kinofilm das neue Bild der Schokolade – eine britisch-amerikanische Koproduktion mit französischem Titel, französischer Hauptdarstellerin, französischem Handlungsort und einem schwedischen Regisseur, der als filmender Begleiter von ABBA seine Lektion in Pop gelernt hat. »Chocolat« von Lasse Hallström mit Juliette Binoche und Johnny Depp in den Hauptrollen ist ein familienfreundlicher Liebesfilm mit Schokolade als Bindemittel. In Anbetracht seines Erscheinungsjahrs und seiner Hollywood-Dimension ist er trotzdem eine kleine Revolution, die Schokolade in jedem Land außer Frankreich und vielleicht Italien und Belgien auf eine neue Ebene gehoben hat, wo sie seitdem unverändert verweilt. Dies ist das neue Gesicht der Genuss-Schokoladenwelt: ein paar Maya- oder Aztekensymbole, eine Handvoll Bohnen (mit Herkunft Guatemala!), eine Prise Chili und ein tiefer Augenaufschlag samt alleinerziehender Frauenpower – fertig ist das Rezept, von dem aktuelles Marketing, diverse Franchisekonzepte, Zeitschriften und Bücher bis heute zehren. Mein Problem mit »Chocolat« gründet aber nicht so sehr in dem Film, sondern vielmehr in seinen Folgen. Es ist, als würde man ABBA zum letzten Wort in Sachen Musik erheben.

Kakao

Seit Dezember 2002 betreibe ich ein Schokoladenfachgeschäft im Prenzlauer Berg. Motiviert hatte mich das intensive Gefühl, dass es sich bei »Schokolade« um ein Missverständnis handelt. Wie kann es sein, dass eines der besten Genussmittel der Welt als zuckrige Diddl-Maus auftritt? Als elitär dünkelnde, aber geschmacklose Tante? Oder als Juliette Binoche?

Die Idee, einen Ort ausschließlich für gute Schokolade zu schaffen, entsprang dem gleichen Wunsch nach Auslese, mit dem Ausstellungen und Festivals kuratiert werden, Filme gemacht oder einfach nur Mix-CDs zusammengestellt werden. Nur das

Gute kommt ins Töpfchen. Keine Kompromisse. Was zum runden Bild fehlt, macht man selbst.

Das Ergebnis war ein Traum und doch waren in den ersten Jahren Traum und Realität schwer zu trennen. Der Traum hatte auch Alptraumqualitäten. Mindestens einmal pro Woche wurde ich mit verzückter Begeisterung auf den Film »Chocolat« angesprochen, der mich doch gewiss inspiriert habe, während immer dann alte Bekannte mit sardonischem Grinsen rauchend und leise »Schokoboy« skandierend vor der Tür saßen. Die Vorstellung, mit ihnen extra herbes Bier zu trinken, ließ mir Sabber die Mundwinkel runterlaufen, den ich als Freude über meine Ware ausgab.

Ebenso wie »Chocolat«-Fans hatte ich aber auch Kunden, die keine vorherige Marktanalyse für möglich gehalten hätte: coole Großstadtkids mit präzisen Vorstellungen von Geschmackskurven und Säuregrad, die ohne Frage und Klage die fünf Euro für eine hochprozentige Tafel aus der Hosentasche klauben und die mir durch alle verkitschten Filme, franko-/italophiles Ornament, österreichisches Schlagobers und den regelmäßigen Heißhunger auf salzig-frisch-deftige Geschmäcker hinweg den Weg zur Wahrhaftigkeit gezeigt haben. Aus dem Köder Schokolade wurde die Beziehung Kakao. Der Ursprung, die Natur, die Unschuld, die Potenz. Ganz sicher keine Süßware und über alle Geschmacksfragen meilenweit erhaben. Und ich wurde ein Kakaoboy.

Kakaoboy

Eigentlich sollte dieses Buch »Kakaoboys« heißen. Die initialen Reaktionen darauf (»kindlich, schwul und nichtssagend«) zeigten aber, dass es mehr als ein paar gute Worte braucht, um andere Assoziationen zu schaffen. Auch bei mir hatte es Jahre zwischen besten Schokoladen gebraucht, bis ich Kakao verstand und bereit war, mit ihm in persönlichen Kontakt zu treten – mit der Pflanze, der Frucht und der Bohne. Das Aufbegehren gegen »die Schokolade«, wie sie uns umgibt, ist denn auch der Weg zur Erkenntnis – nur ein Schokoladenrebell wird zum Kakaoboy (oder -girl).

Der Ursprung des Wortspiels ist ein 1984 vom Komponisten Thomas Natschinsky und Texter Konrad Weiss geschriebenes Lied. Zu typischen Westernklängen geht es um einen »im Sattel geborenen« Saubermann, der »kein Girl, kein Colt und kein Gold« braucht und allein mit seinem dampfenden Kakao sowohl die Nächte in der Prärie als auch das Treiben im Saloon übersteht: »Die Schnapsnasen sind alle blau / ich sag zum Sheriff / komm alter Junge, wir trinken noch einen Kakao.« Was genau er da trinkt, ist kein Thema, schließlich ist der Song nicht nur aus der DDR, wo guter Kakao unerreichbar war, sondern vor allem ein Kinderlied.

Mein Kakaoboy ist ein anderer Schlag. Er kommt von der See, zu der es nicht nur fast alle Menschen, sondern auch jeden guten Kakao zieht. Sein Ding ist Genuss – mit Natur, Gewissen und sauberem Geschmack. Dadurch wird er zum Ritter im Namen von guter Bohne und guter Verarbeitung, dem aber auch die Menschen am Herzen liegen.

Dank ihm und seiner Peergroup ist dies ein anderes Buch über Schokolade oder besser: für Kakao. Denn so wie ich hinter dem Tresen, war dieser von Anfang an nackt und schutzlos, ein verschleppter Exot in Zwangsehe mit Zucker und Milch, der sich seines Ursprungs kaum noch erinnert.

Die ersten 2000 Jahre seiner Geschichte war das aus Kakaobohnen gewonnene Getränk Königen und Kriegern vorbehalten. Im zurückliegenden 20. Jahrhundert wurde Schokolade zur überall erhältlichen Süßigkeit, Kinder und Senioren wurden die wesentliche Zielgruppe. Bis die Kakaoboys kamen und den goldenen Käfig aus Osterhasen, Schweizer Bergen, belgischen Meeresfrüchten und lila Kühen als großindustrielle Milch, Fett & Zucker-Lüge demaskiert und gesprengt haben.

Nun müssen sie dem neuen Gespenst von »Grand Crus«, Jahrgangsschokoladen, Wine-Meets-Chocolate-Degustationen und Schoko-Wellness eine Alternative bieten. Denn bevor wir uns in den neomythisch überladenen Kessel mit dem braunen Zaubertrank fallen lassen, wollen wir wissen, was da eigentlich drin ist. Spaß kommt weder von allein noch durch doppelte Affirmation oder pubertäre Schnappreflexe.

Da mich meine Mutter Bescheidenheit gelehrt hat, will ich nicht behaupten, dass dieses Buch Spaß garantiert. Aber es schafft die Vorrausetzungen dafür. Denn hier geht es um ein anderes Level von Spaß. Champions-League-Spaß de luxe. Dafür muss viel Ideologie von Bord – Mars, Nestlé und Ferrero, die Welt von Fettglasur, Osterhasen, Impulsware und Wiener Operettenkitsch. Und auch die lächerliche Praxis, eine so schöne Sache mit elitärem Dünkel, Distinktionsspielen und lusttötendem Degustationsvokabular zu überfrachten. Was tun? Alles in Frage stellen und den wichtigen Rezeptoren zuhören – Nase, Zunge, Bauch, Ohren ... Dann kann nichts passieren.

Denn auf dem Weg durch den Schlamm falscher Schokoladengeschmäcker, Bilder, Worte und Klänge leuchtet der Kakaohorizont – strahlend sauber, dabei tief und kantig – wie John Coltranes erhabenster Ton.

Wie man Kakaoboy wird

Als ich Anfang 2002 – ohne »Chocolat« gesehen zu haben – entschieden hatte, mich in diese Welt zu werfen, hatte ich nur eine diffuse Ahnung, was passieren würde. Ich wusste aber, dass es die richtige Zeit war und der richtige Ort – und vor allem der richtige Stoff. Zu der ihn umgebenden Welt hatte ich ein ähnliches Gefühl wie zur Popmusik der späten 80er: Alles war falsch, aber es lag etwas in der Luft und man musste nur etwas genauer hingucken, um die Sachen zu finden, die diese Aufbruchstimmung gerade verursachten. Wie damals, so war es auch dieses Mal Vorlage genug, um aufs leere Tor zu schießen. Es gibt keine gute Schokolade hier? Such sie, irgendwo wird es welche geben. Es gibt keinen guten Laden für gute Schokolade? Mach ihn selbst. Keine Raketenphysik, vor allem in Berlin, wo einem immer noch und damals erst recht die kleinen Erdgeschossläden in aufstrebender B-Lage nachgeworfen werden. Eine Handvoll Dollar, selbstgebautes Mobiliar und ein Draht zu den Leuten, die die wirklich guten Sachen produzieren.

Doch selbst in der besten aller Schokoladenwelten geht es nur selten um cooles Wissen, gute Musik, Filme, Kunst, politisches Selbstverständnis, was letztlich der Auslöser dafür war, den nächsten Schritt zu wagen und selbst Musik, will sagen Schokolade, zu produzieren. Und so wie ich der Meinung bin, dass DJs Musik machen und man nicht erst sein eigenes Instrument bauen muss, so muss auch der Kakaobaum nicht notwendig selbst angepflanzt werden. Zudem komme ich als früherer Pop-Journalist vom Ende der Wertschöpfungskette – von dort, wo probiert, relativiert, verglichen und Spreu vom Weizen getrennt wird.

Diese limitierte (um nicht zu sagen faule) Selbstverortung, die mich zum Schokoladenhändler machte, hat sich mittlerweile geändert, weil es in der Welt von Kakao und Schokolade nicht den Reichtum und die Vielschichtigkeit von Musik – oder auch nur von Wein und Kaffee gibt. Oder besser: noch nicht. Doch langsam und mit vielen Wehen entsteht eine neue Wahrnehmung, ein neuer Umgang mit dem Urstoff und seinen Möglichkeiten – und nach sieben Jahren mit Schokoladenladen, Café und Manufaktur kann ich nicht anders, als diese Zukunft aktiv mitgestalten zu wollen.

Die Rettung

Es gibt nur zwei Grundsorten von Kakao: Forastero und Criollo. Diese haben so viel miteinander zu tun wie Taube und Papagei. Forastero wächst überall, wo es warm und feucht ist, und gibt ordentlich Früchte, Criollo ist die Diva, das verwöhnte Kind der Tropen. Er braucht alles: Wärme, Wasser, Schatten und Pflege – und dies bitte konstant und ohne Wenn und Aber. Wenn Fäulnis oder bedrohliches Ungeziefer daherkommen, geht Criollo als Erster in die Knie. Für den Aufwand revanchiert er sich aber mit einem einzigartigen Job: Nonstop blühend verdichtet der kleine Baum die Essenz aller Geschmäcker und Gerüche des Urwalds in seinem Samen. Wie Forastero auch – nur viel eleganter (und mit weniger Früchten).

Kommt nun die Industrie, kommt der Horror. Diese Samen oder Bohnen – das Edelste der weltweiten Natur – werden von Händlern so billig eingekauft, dass die Bauern aus der Not heraus schlampen, die wichtige Fermentation verkürzen und alles, was nur ansatzweise nach Bohne aussieht, mit in die Säcke packen. Diese werden gelagert und wieder gelagert, bis der spekulative Kakao-Börsenkurs den Großabnehmern grünes Licht gibt. Dabei verlieren die Bohnen Aroma, verrotten und verschimmeln, um dann dampfsterilisiert, überröstet, gepresst, alkalisiert und im Verhältnis von eins zu zehn in ein Zucker-Milchpulver-Vanillin-Gemisch eingerührt zu werden.

Auch wenn dieses Schicksal nicht immer so dramatisch aus-
fällt und fast ausschließlich Forastero ereilt, ist es trotzdem,
als würde man alten Balsamico in McDonalds-Ketchup einspeisen. Oder aus Mahagonistämmen lackierte Furniereinsätze
für Plastikautos machen. Oder gutes Gras mit Zigarettentabak
mischen.

Es ist also auch ein Buch über eine Rettung. Erst einmal der
Pflanze, des Kakaos. Manche Kakaoboys gehören zur Kaste der
Rekultivierer und Biodiversifizierer, denen es wesentlich darum
geht, vom Aussterben bedrohte Arten zu bewahren und neu zu
verbreiten. Der Kakaobaum ist vom Aussterben bedroht? Keine
Angst, Chardonnay wächst immer noch in Kalifornien. Aber San-
cerre und Barolo sind seltenere Trauben. Und wie bei Kaffee, wie
bei Wein, gibt es guten und schlechten Kakao. Der wirklich gute
ist sehr selten.

Und es ist ein Buch über einen Anfang. Das zweite Frühstück,
nach dem Croissant. Seit »Chocolat« wissen wir: eine Chili-Prali-
ne erweckt den Griesgram zum Leben. Selbst zu Magnum Java gehört ein Baum, der irgendetwas Magisches produziert, das halb-
nackte Eingeborene (oder Großstadtschamanen) mitten in der
Nacht rituell tanzen lässt.

Genau so ist es: Nur dass man diese Magie nicht mit einer
abgetötete Spurenelemente der heiligen Substanz enthaltenden
Fettglasur erreicht.

Der neue Weg

Claudio Corallo, ein Protagonist unter den Kakaoboys, diktiert die
erste Regel für den neuen Weg: »Erinnere dich daran, dass Kakao
eine Pflanze ist, wie der Olivenbaum oder der Weinstock.« Gute

Oliven kommen aus gutem Anbau und aus guten Lagen. Wie bei gutem Wein spielen spezifische Böden, Stamm, Pflege und Auslese ihre Rolle. Winzerarbeit ist ein Studium, mit Fächern wie Sekt, Süß- und Eiswein und dem Aufbaustudium der Destille.

Guter Kakao kommt in erster Linie aus dem die Karibik umgebenden Festland, aber auch von den Inseln selbst. Die dortige Musik, Salsa, Merengue, aber vor allem Reggae und Dub, ist dem Stoff direkt verwandt. Kakaoanbau und -verarbeitung ist mehr als Wissenschaft, denn man hat es mit organisiertem Chaos zu tun: Mehr als 600 aromatische Bestandteile in vielen biologisch unterschiedlichen Gewichtungen wollen verstanden werden. Und richtig angebaut, gepflegt, geerntet, fermentiert, getrocknet, geschält, zerkleinert, belüftet, gerührt, temperiert und gegossen. Gekonnte Improvisation mit vollem Orchester, Soul und Sex. Musik.

Kakaoboy – das bin ich als Verkäufer und Produzent, aber auch meine Peergroup. Nicht jeden, den ich hier zitiere, kenne ich persönlich. Teilweise sind es Geschäftspartner, meist aber nicht einmal das, sondern einfach nur besessene Eigenbrötler, die ihr Ding machen und dabei nach Möglichkeit in Ruhe gelassen werden wollen. Sie alle eint eine besondere Beziehung zu den 600plus Aromen und dem Kult darum. Ob sie 150 Jahre nach der gleichen Art arbeiten oder jede Saison ihre Philosophie ändern, immer geht es darum, das Beste rauszuholen.

Die Kakaoboy-Gebote

- Schokolade wird aus Kakao hergestellt.
- Gute Schokolade wird aus gutem Kakao hergestellt.
- Dafür muss man Anbau, Fermentation und Trocknung verstehen.

- Was du mit den fertigen Bohnen machst, ist dir selbst überlassen. Du kannst sie auf vielerlei Weise rösten, sie zu Schokolade zermatschen, aber auch bestens so essen.
- Der Respekt vor der Pflanze äußert sich darin, die Bohne ganz zu lassen und frisch und schonend zu verarbeiten.
- Kulinarische Intelligenz bedeutet zu wissen, was man mit einem solchen geschmacklichen Potenzial machen kann.
- Weitere Zutaten sind ebenso unnötig wie möglicherweise schmackhaft. (Vergleiche: Kaffee mit Milch und Zucker, Brot mit Olivenöl – oder Butter und Marmelade.)
- Dass Ritter Sport und Sarotti nicht so ekelhaft schmecken wie ein BigMac, zeigt die Kraft von Kakao: Selbst ein paar misshandelte Gramm verleihen jeder Fett & Zucker-Pampe einen Hauch von Magie.
- Kakao ist also ein Geschenk von Gott oder von wohlmeinenden außerirdischen Kulturen höherer Entwicklungsstufe.
- Die Aufgabe ist, dieses Geschenk so zu verarbeiten, dass es unserer bescheidenen Spezies den Kontakt zu Gott oder diesen Kulturen ermöglicht.

Subjektiv? Natürlich. Dies ist ein subjektives Buch.

KAKAO & KARTOFFELN

Niedersächsischer Acker,
Hamburger Arroganz,
Berliner Leerstand

»Ich bin 'ne Kartoffel und ich bin cool damit.
Ich nehm das Thema her und schreibe noch 'n Superhit.«

JAN DELAY

Zurück auf den Boden der Tatsachen. Kartoffeln machen auch
Flecken. Zermatscht sind sie mindestens so klebrig wie Schokolade. Wie alle Deutschen, die in der Prä-Pasta-Zeit geboren wurden, habe ich zu Kartoffelbrei, Pell-, Bratkartoffeln und Puffern
eine familiäre Beziehung. Die ersten 18 Jahre meines Lebens
verbrachte ich in der attraktionsfreien Kleinstadt Peine/Nieder-
sachsen.* Im Keller unseres Reihenhauses stand eine Kiepe, immer mit gut 10 bis 20 Kilo festkochenden Knollen gefüllt, es gab
schließlich drei Söhne zu ernähren. Im späten Winter keimten sie

---

* Eine kleine Adlung erfährt diese niedersächsische Flachebene durch die Tatsache, dass dort zum ersten Mal auf deutschem Boden Kakaobohnen verarbeitet
wurden. Von Peine 50 Kilometer Richtung Westen, kurz hinter Hannover, liegt
Steinhude, bekannt durch das große Flachgewässer »Steinhuder Meer«. Hier
befand sich bis Mitte des vergangenen Jahrhunderts die älteste deutsche Schokoladenfabrik. In Meyers Lexikon von 1920 steht: »... die erste Schokoladenfabrik
wurde 1756 in Steinhude von Fürst Wilhelm von der Lippe errichtet«. Andere
Quellen berichten, dass Johann Henrich Schwabe, Schokoladenmacher und
ehemaliger Bürgermeister, der Anfang des 18. Jahrhunderts 20 Jahre in England
lebte, wahrscheinlich schon seit etwa 1725 die Schokoladenmacherei (oder auch
Kakaobereitung?) in Steinhude ausgeübt hat. Respekt!

alle. Mein Favorit waren Bratkartoffeln (schön braun), die Revolution »Pommes« fand erst zu Beginn der Pubertät und auch nicht zu Hause statt, sondern bei einem Kleinstadt-Fastfood-Pionier und im Freibad.

Ich wurde weder mit einem goldenen Löffel noch in der Toskana oder gar unter einem Kakaobaum geboren, sondern zwischen Zuckerrüben und Kartoffeln, den neben Wassermelonen und Zuchthaustomaten größtmöglichen aromatischen Gegensätzen zur Criollo-Bohne. Es war also ein weiter Weg. Nun habe ich nichts gegen Kartoffeln, vor allem seit ich weiß, dass wir sie frühen amerikanischen Hochkulturen verdanken. Beklemmungen bekomme ich nur von der Kartoffelmentalität, von der Jan Delay richtig singt: »... dieses öde Gemüse und seine Eigenschaft, Stärke zu besitzen, aber leider keinen Geschmack«.

Eine solche Kartoffelmentalität behauptet zum Beispiel, dass es keine dummen Fragen gibt (68er Kartoffelmentalität). Das mag für Kinder richtig sein. Es waren aber Erwachsene, die mich gefragt haben, wie ich denn bitte darauf komme, einen Schokoladenladen zu betreiben. Und das, nachdem sie ihn gesehen hatten. Viele Erwachsene.

Schokolade

Koscholade klingt zwar holprig, wäre aber das bessere Wort. Ein knackiges »K« an den Anfang, das schmierige »Sch« in die Mitte, wo es sich in schönen Schmelz verwandelt. Der etymologische Weg zum Ursprung des Wortes verläuft sich im Nebel. In jedem Fall waren es die Spanier, die sich, wenig an der Pflege unterworfener Kulturen interessiert, aus den vorgefundenen Bezeichnungen der Maya und Azteken ihre »chocolate« zusammenbastelten, wahrscheinlich aus dem Yukatekischen »chocol« (heiß) und der aztekischen Endung »atl«, die das ursprüngliche Mayawort »haa« (Wasser) ersetzt. Im Deutschen haben wir schließlich ein Wort mit »Sch«, das in klingender Eintracht mit den immer günstigeren Milch, Fett & Zucker-Produkten so nachhaltig prägend auf unser aller Bewusstsein wirkte, dass es wohl noch eine Generation brauchen wird, bis sich das Bild wirklich verändert.

Diesem Stoff in den bundesrepublikanischen 70ern zu verfallen, war durch Bohnenmagie kaum begründbar. Meine Freude seit Beginn der Schulzeit galt denn eher der Verpackung und den kleinen Möglichkeiten der Distinktion. Wenn überall Toblerone lag, wollte ich die Weiße (einst nur in der Schweiz erhältlich) oder Dulce de Leche, die argentinische Nationalsüßigkeit, bei deren purer Erwähnung mein dort geborener Vater schon ein verklärtes Gesicht bekam. Was auf mich überging, aber nicht, weil ich es so sagenhaft lecker fand, sondern weil es nur unter großem Aufwand zu beschaffen war. (Aus Argentinien! In den 70ern!)

Heute beruhigt mich das Wissen, dass diese Produkte nichts mit Kakao zu tun haben, sondern sich mit ihrer überschrittenen kritischen Menge von Zucker und Milchpulver nur in der Karamellisierung, dem Verhältnis der Fette und der Frage von Vanille oder Vanillin unterscheiden.

Mir ging es von Anfang an darum, nicht das erste Angebot zu nehmen – nicht im Kaufhaus oder Supermarkt zu checken, sondern beim Spezialisten. Dem Dealer, den man gerne aufsucht, weil er weiß, was geht, aber auf keinen Fall nervt. Weder durch übertriebene Leutseligkeit, vor allem aber nicht durch eine Beratung, die nichts anderes will, als schnell die Tüte zu füllen, ohne emotionalen Kontakt zum Produkt. Wenn in typischer Shopping-Lautstärke standardisierte Shopping-Musik, also Klassik light, Jazzradio, Frank Sinatras Hits oder die Filmmusik von »Amelie«

läuft, kann der Rest auch nicht stimmen. Den guten Produkten wünscht man ein anderes Umfeld: ohne Halogenspots, aromatisierte Teedosen, Impulsaufsteller, Bonbons, Gummibärchen – und mit besserer Musik.

Kakao (vor der Ernte) ist kühl und mag es warm, feucht und schattig. Schokolade (nach dem Temperieren) ist warm und mag es kühl, trocken – und auch schattig. Ich kam 2001 von Hamburg nach Berlin, wollte gute Schokolade und fand mich in Teeläden mit falschem Geruch, dem KaDeWe mit ratloser Bedienung oder bei seidenbeschalten Trüffelmachern mit Apothekergehabe wieder. Aber ich war ja in Berlin, dem europäischen Sammelplatz heimatloser Gesellen, halbgarer Ideen, der Stadt der tausend leerstehenden Räume, die man nur noch schön machen muss. Das ist einfach: warme Farben, kantige Möbel, gedämpftes Licht, viel zu entdecken, ausschließlich gute Produkte, eine gute Anlage, gute Musik und nach Möglichkeit ein Blick ins Grüne. Und der Schlüssel für die Tür, so dass man selbst zu jeder Tages- und Nachtzeit zugreifen kann.

Gold?

Der folgenreichste Schritt meines Lebens. Nach einem leicht depressiven ersten halben Jahr in der winterlich trostlosen Hauptstadt hatte ich nach einem weiteren halben Jahr rundum erfreulicher Teamarbeit einen wunderschönen Raum voller Genusswaren und dazu nichts als Freude, Respekt und gute Umsätze – vor allem im Winter. Mehr als jede andere Frucht hat Kakao Wärme gespeichert und eine saftige hochprozentige Tafel (ohne Milch) – ganz zu schweigen von einer Trinkschokolade – ist wirkungsvoller als Glühwein. Mit jeder Woche hinter dem Tresen verstand ich mehr, warum ich dem Stoff erlegen war und was darin mich zu welcher Zeit und welchem Wetter vor die Tür trieb. Nur das 80er-Jahre-Gesellschaftsspiel »Schoko & Co« habe ich nie verstanden. Auf dessen Verpackung sieht man einen gut gekleideten jungen Manager am Hafenkai sitzend, hinter ihm zur Linken eine rauchende Fabrik, zur Rechten das mit Containern voll beladene Schiff, neben und vor ihm Säcke voll Kakao, Berge von Geld und der Kühlergrill seines Rolls-Royce. Es geht um Handel, Weltmarktpreise, Schiffe, Fabriken und große Zahlen. Der großgeschriebene Slogan »Managen Sie schlau, sonst zieht man Sie durch den Kakao!« sollte die Teilnehmer ermuntern, den Konkurrenzkampf auf dem Schokoladenmarkt »spielend« mitzuerleben.

So zog der Goldrausch, der aus dem neu entdeckten Thema Edel-, Luxus- oder Premiumschokolade einen fieberhaften Trend machte, an mir vorbei, während ich mich auf ein kleines Päckchen aus Italien freute, das nach monatelangem Warten im Frühling 2004 eintraf. Ein gutes Jahr lag hinter und ein paar schwarz-gold verpackte kleine Tafeln lagen vor mir. Von einer jungen Firma aus Genua, die ich zuvor monatelang per Mail und Anruf um einige Proben gebeten hatte.

Überwältigung

»Kein Genuss ist vorübergehend, denn der Eindruck, den er hinterlässt, ist bleibend« – so lautet der mittlerweile von jeder zweiten Genussmarke verbratene, nichtsdestotrotz aber wahre Gedanke von Goethe. Der Kontakt mit dieser Schokolade war mehr als bleibend. Es war der Ritterschlag, das päpstliche Siegel, die göttliche Botschaft, dass mein eingeschlagener Weg richtig war – und dass es nun erst richtig losgeht. Das alles durch nichts als ein Stückchen dunkler Schokolade, 75 Prozent Kakao, Rest Zucker. Auf die darin steckende Verdichtung war ich in keinster Weise vorbereitet. Schon der Geruch war immens, mit dem Abbeißen setzte sofortige Überwältigung ein. Alle Geschmacks- und Geruchssinne waren vollends beschäftigt, dem Hirn Informationen zu senden, die dieses in solch geballter Form noch nie erhalten hatte: fruchtige Säuren, geröstete Bitterstoffe, vielfältige Würze, komplexe Süße, eingefasst in jenen mundfüllenden Wohlgeschmack, den man als »Umami« bezeichnet (und der fälschlich mit Glutamat gleichgesetzt wird). Ein mit allen bekannten und dazu noch diversen unbekannten Instrumenten besetztes Orchester im minutenlang anhaltenden, dabei beständig unterschiedlichsten Tönen und Akkorden den Vortritt gebenden Wohlklang. Mehr Erlebnis, als ich jemals von Essbarem, geschweige denn durch eine einzige Substanz erfahren hatte – auch durch Schokolade nicht, mit deren französischer Wahrheit ich erst Mitte der 90er Kontakt aufgenommen hatte.

Hier und jetzt betrat zum ersten Mal der Protagonist im vollen Rampenlicht die Bühne, die Substanz, die bis dato nur Gewürz war und plötzlich einen Namen trug, und mehr noch: nicht nur 70 und mehr Prozent Kakao, auch die Herkunft begann eine Rolle zu spielen: Venezuela, Ecuador, Madagaskar. Dass nur Schokolade ohne Milch die wahre Schokolade ist, war mir theoretisch längst klar, doch erst jetzt hatte ich die Tür zur Wahrheit gefunden. Es war, als hätte jemand Milchglas gegen transparentes eingetauscht. Und gleichzeitig war es ein Schritt in den Wald, weg vom sicheren Weg, dem lichten, aber langweiligen Feld, in ein Abenteuer neuer Erfahrungen. Blumige und modrige Gerüche, Pilz und Holz, Bitterstoffe und Chlorophyll, vor allem aber Früchte in allen Reifestadien vermengten sich von einer Kakophonie zur nächsten.

Criollo

»Als Kartoffel sollte man in der Stadt leben /
weil hier die Zutaten sind, die einem Geschmack geben.«
JAN DELAY

Als nicht mit Coltrane-hörenden Balsamico-Eltern gesegneter Kartoffelbrei-Kleinstädter hatte ich in den ersten Jahren meines (damals Hamburger) Großstadtlebens einige Komplexe auszustehen. Der Umgang mit Gleichaltrigen oder sogar Jüngeren, die meine naive Begeisterung für Jazz, Literatur und Feinschmeck-Erlebnisse mit wissendem Lächeln abtaten: »Mingus, Musil, Meeresfrüchte? Gab's bei uns schon immer. Fand ich mit 15 geil.« Ich nicht. Was ich damals zum Selbstschutz aufbaute, ist längst meine feste Überzeugung – die Erfahrung von Komplexität braucht Zeit. Ob es nun 35 Jahre sein müssen oder ob nicht auch 23 ausreichen – keine Ahnung. Doch wie Gil Scott-Heron schon sagte: »The Revolution will not be televised.«

Kakao hat eine unendliche Tiefe. Die ganzkörperliche Freude über 80, 90, 100 Prozent, Nibs und Bohnen braucht aber eine gewachsene Beziehung zu jenen Bitterstoffen und Säuren, ohne die Geschmack immer infantil bleibt. Für mich ging nun, mit Mitte 30, erst die Lampe der Erkenntnis an und wenig interessiert mich seitdem mehr, als die unendlichen Möglichkeiten von Kakao und Schokolade auszuleuchten.

Der unbestrittene Götze dieser Welt trägt den Namen »Criollo«. Die Trüffel, der Safranfaden, der Blue-Mountain-Kaffee – der edelste Kakao. Er ist für die Industrie ebenso unpraktikabel wie für die Genusswelt begehrlich. Criollo teilt die Schokoladenwelt in zwei – hier der Wunsch nach bestmöglichem Geschmack, dort die Massenproduktion nach ökonomischen Notwendigkeiten.

Wie bei allen begehrlichen und seltenen Dingen verbirgt sich hinter Criollo aber auch ein beliebter Etikettenschwindel. Da es so gut wie unmöglich ist, die absolute Reinheit der Bohnen in einem so komplexen Produkt wie Schokolade zu erschmecken, benutze ich das Wort hier nicht nur, um die biologische Tatsache zu beschreiben, sondern als Begriff für die Genusskultur. Wenn es um Geschmack geht, spielt die Frage, ob die Schokolade aus purem, mit Siegel versehenem Criollo erzeugt wurde, die gleiche Rolle wie in jeder Geschmackssache, wo das Wissen um Name, Herkunft und Preis bis zur Ehrfurcht diszipliniert. Die Wahrheit − wenn es sie denn gibt − liegt im Blindtest, der Degustation, im Vergleich. Wo jede gut gemachte Schokolade aus gutem Kakao ebenso heraussticht wie das Stück echter Musik aus einer Ansammlung formatierter Langeweile. Überforderung, Begeisterung, Wiederholung. Deswegen wird Criollo als Synonym für den besten Kakao hier immer wieder mit Musik assoziiert, keiner speziellen, sondern der richtigen, der guten, der mit Soul. Criollo ist die wahrhaftige Schokolade, ist Leben, Würze, Intensität und Luxus. Oder um Jan Delay noch einmal das Kartoffelwort zu geben: »Gib mir gute Mucke, gute Clubs, gutes Essen und ich will wetten / in 20 Jahren mach ich dir aus Bielefeld Manhattan.«

Braun

Kakaofrüchte sind selten braun. Meist sind sie rot und gelb, gemischt mit grün, und zwar in allen Tönen, die ein gesunder Mischwald Ende Oktober zu bieten hat. Ein Regenbogen minus blau, alle Stufen eines Sonnenuntergangs plus grün. Jede Schilderung einer Kakaoplantage berichtet von überwältigenden Farben, vor allem wenn es sich um unterschiedliche Bäume verschiedener

Sorten handelt. Aber auch ein einziger Baum kann problemlos alle Farben produzieren – und zwar das ganze Jahr. Aus Tuschkasten- und Knetmassenerfahrung wissen wir, was aus der Mischung aller Farben entsteht: die Modefarbpalette der letzten Jahre. Im Einrichtungsbereich erfreut sich Wenge, das dunkelste aller Hölzer, seit den klassischen 60ern unzerstörbarer Beliebtheit.

Ein wichtiger Teil der magischen Wirkung von Schokolade liegt in ihrer Farbe. Der Anblick einer guten Schokolade ist Meditation – Braun zum Versinken, unendliche Tiefe. Um gleich zu Beginn mit einem anhaltenden Missverständnis aufzuräumen: Nur die Tiefe, nicht aber die Dunkelheit hat etwas mit der Qualität einer Schokolade zu tun (passenderweise trinke ich grade einen deutschen Spätburgunder, der durchsichtig im Glas liegt und absolut wunderbar schmeckt). Es ist sogar ganz gegenteilig: Seit der Erfindung des »Dutching«, also der Alkalisierung des Kakaopulvers, ist auch das dunkelste Braun beliebig herstellbar, gerne auch durch Überröstung. Der anerkannt edelste (wenn auch nicht geschmacksintensivste) Kakao der Welt ist ein Criollo namens Porcelana und er trägt seinen Namen nicht ohne Grund. Jeder edle Kakao hat per Bohne außen ein freundliches Hellbraun, innen leckeres Mittelbraun, welches sich, wenn richtig verarbeitet, bis in die Schokolade fortsetzt. Hier also das erste Indiz zur Erkennung einer wirklich großen Schokolade: Trotz 70 und mehr Prozenten ist sie hell wie eine satte Milchschokolade – nur dass ihre Farbe deutlich tiefer leuchtet. Auf die Ausnahmen komme ich noch zu sprechen

Blinder, welche Farbe?

Es gibt zwei empfehlenswerte Bücher zum Thema. In Sachen Geschichte ist es *The True History of Chocolate* von Sophie und

Michael Coe, im Original erschienen 1996, in deutscher Übersetzung ein Jahr später (heute nur noch antiquarisch erhältlich). In bester US-populärwissenschaftlicher Tradition präsentieren die Coes liebevoll und lakonisch jedes aussagekräftige Fitzelchen historischer Fakten, ohne dabei jemals in den Bereich der Mythen und Mutmaßungen abzugleiten. Die beliebte Praxis, Aussagen über »Schokolade« ohne weitere Spezifizierung (Osterhase? 80 Prozent Ecuador? Forastero? Criollo?) zu treffen, beschreiben die Coes treffend mit dem Bild der »Blinden, die von der Farbe sprechen«.

Deshalb nenne ich Menschen, Methoden und Marken. Bis die Einflugschneise für Kakao so breit geworden ist, dass präzise gekennzeichnete Kakaobohnen jeder Verarbeitungsstufe für den Konsumenten verfügbar sind und man sie mit Hilfe neuer Küchenmaschinen selbst in Schokolade verarbeiten kann, sind wir den Erzeugnissen in den alten und neuen Regalen ausgeliefert. Hier kann man sich nun täglich neu an Sortierungen versuchen – auch ich habe meinen Laden immer wieder umgestellt, mal nach Prozenten, mal nach Herkunft, mal nach Bohne, mal nach Zutat. Angesichts einer Substanz, die aus ihrer exotischen Heimat zwar viel an Prädisposition mitbringt, sich beim Rösten und Zermahlen aber trotzdem noch einmal in diverse Richtungen verändert, ist es aber wie beim Wein (oder mehr noch bei Parfüm und Mode) – die Philosophie eines unabhängigen Herstellers ist die letztendlich signifikanteste Handschrift. Die spezifische Frucht der Valrhona-Kuvertüren ist in allen Desserts der weltweiten Sterne-Gastronomie erkenntbar. Zwischen einer 70-prozentigen Madagaskar-Tafel von Rausch und Domori liegen ähnlich große Welten wie zwischen einem Bordeaux für 5 und für 50 Euro (dabei kostet Domori »nur« das Vierfache von Rausch).

Ein Wort zum Preis

Wie schön und völlig weltfern war doch meine Zeit im Kultur-betrieb. Gute Bücher, gute Videos, gute Platten (so hießen diese Sachen früher) – sie alle kosteten und kosten immer noch genau so viel wie ihre schlechte Umgebung. Gutes Fernsehen – nur ei-nen Fingerdruck weit vom Schrott entfernt. Gute Konzerte gibt es gar für einen Bruchteil der pyrotechnisch aufgepumpten Main-stream-Shows. Im haptischen Leben sieht das anders aus. Wer gute Dinge nicht nur hören und sehen, sondern anfassen, rie-chen und essen möchte, wird sie nicht im Supermarkt und erst recht nicht in der Tankstelle finden. Gute Schokolade beginnt bei 3 Euro für eine handelsübliche Tafelgröße (im Edelkontext 70 bis 80 Gramm). Ich habe kein Problem damit, das Doppelte und Dreifache für ein entsprechend nochmals besseres Genussmittel zu verlangen und zu bezahlen. Für ein echtes Geschmackserlebnis ist mehrfache manuelle Auslese unabdingbar und selbst wenn nur die Hälfte der Hände angemessen bezahlt wird, ist unter 3 Euro keine Qualität möglich.

Bitter I

Jan Delay, ehemals Hip-Hop und ebenso arroganter wie stilsiche-rer Clubrevoluzzer, hat mich nicht nur mit seinem Stück »Kar-toffeln« inspiriert. Sein selbstbestimmter Weg an die Spitze der Charts ist ein schönes Beispiel dafür, dass hierzulande auch mit Geschmack Erfolg möglich ist. Nun kann er bestens für sich selbst sprechen und muss folglich nicht erklärt werden. Schokolade und vor allem Kakao dagegen sehr wohl. Denn hier ist Babylon: In je-der Kultur, in jeder Sprache sind die Bezeichnungen für Bohne,

Masse, Pulver, Getränk und vor allem »Bitterschokolade« anders gemischt – und seit ein paar Jahren in wilder Bewegung.

Das knapp 100 Jahre alte Berliner Familienunternehmen Erich Hamann setzt die Aufschrift »Bittere Schokoladen« auf jedes seiner Produkte, auch auf die Milchigen. Keine Ahnung, wie oft ich davon abgeschreckte Milchmädchen und Bubis darauf hinweisen musste, dass in der schicken großmütterlichen Verpackung nicht der unerwünschte Bitterstoff ist, sondern genau ihre Kragenweite. Und immer wieder habe ich dabei mehr oder minder überzeugend versucht, dem Thema »Bitter« den üblen Klang zu nehmen bzw. es ganz auf den Müllhaufen der Geschichte zu verbannen. In den ersten Jahren als Schokoladenhändler war es mir ein inneres Anliegen, diese rein deutsche – nirgendwo sonst heißen dunkle Schokoladen ausschließlich »Bitter« – Stigmatisierung zu überwinden, überzeugt davon, dass es vor allem deswegen Jahrzehnte gedauert hat, das Bild von Arzneimittel und Pulvergeschmack aus dem Kopf zu kriegen.

Heute, hunderte von »Grand Cru«-, »Plantagen«-, »Lagen«- oder gar »Jahrgangs«-Schokoladen später, sehe ich die Sache anders, wahrscheinlich ähnlich wie die Hamanns, die seit drei Generationen ihren »bitteren« Kurs beibehalten und sich trendigen Begleiterscheinungen wie »kandierten Shiitake mit Fleur de Sel« erfolgreich verweigern. Das Prinzip »Bitter« hat sich für mich positiv gewendet. Ohne Schatten kein Licht, ohne Bitterstoffe und Säuren kein großer Geschmack – das gilt für gute Schokolade wie für guten Rotwein. Und sogar für Milchschokolade. Als alleinige Bezeichnung taugt »Bitter« aber lediglich für den Rohstoff der industriellen Schokoladenproduktion, die schlecht fermentierte, überröstete westafrikanische (indonesische, brasilianische) Forastero-Masse. Das tote Meer der Schokolade.

Ghana Good

Um der derart abgekanzelten Bohne, die unser aller Schokoladen-
konsum der letzten Jahrzehnte im Alleingang bestimmt hat, nicht
ganz Unrecht zu tun – es gibt auch gute Schokolade aus Forastero. In Ghana, wo auch die Währung mit Kakaofrüchten bebildert wird, ist die Produktion gesetzlichen Standards unterworfen,
müssen Bohnengröße, Fermentation und Trocknung stimmen.
Wenn dies gewährleistet ist – und Ghana steht hier nicht allein –,
kann mit schonender Weiterverarbeitung selbst aus der verbrei-
tetsten, Amolenado genannten Spielart des Forastero, eine Qualität gewonnen werden, die der einer guten Kartoffel entspricht,
kräftig und doch mild, mit dezenten Bitterstoffen und manchmal einer leichten Kaffeenote. Für Geschmacksproben ist eine
hieraus gefertigte pure Schokolade unerlässlich, sie bildet die
saubere Nullstelle, den Bezugspunkt, den so genannten Schokoladengeschmack.

Bitter II

Der wahre Grund, warum »Bitter« in der deutschen Schokoladenwelt seine bittere Note hat, ist nun aber nicht das Wort, sondern
das eben erwähnte »tote Meer«. Aus solcher Masse erstellte Schokolade besaß über Jahrzehnte die ausschließliche geschmackliche Definitionsmacht, kein Wunder, dass daraus kein Kult, sondern Frust wurde und Milchschokolade deutlich mehr Spaß bot.
Dass diese tragische Situation Vergangenheit ist, verdanken wir
den Kakaoboys, aber auch der Industrie, die dem aufgegriffenen Trend ihre Versionen von Ecuador-, Java-, Maracaibo- und
Madagaskar-Tafeln folgen ließ. So dürftig sich diese neben den

Meisterwerken aus dem Kakaoboy-Lager ausnehmen, ist hierin trotzdem zu erahnen, dass guter Kakao neben Bitterstoffen vieles mehr enthält. Die Wahrheit von Früchten, Blüten, Kräutern, Nüssen, Kaffee und Karamell kommt zwar nur ansatzweise zum Vorschein, das Bitterklischee ist aber dennoch gebrochen. Wenn diese und mehr noch die großen puren Schokoladen unserer Protagonisten dann »Bitter« heißen, ist meine Welt in Ordnung: »Bitter« ist der große Geschmack und »Milch« die süße Milchschnitte.

Kartoffel und Kakao

Rezeptbücher sind zur Landplage geworden, außerdem kann ich (wie jeder Seemann) nicht gut kochen. Beim Thema Kartoffeln juckt es mich aber, dieses unser täglich Brot mit seinem aromatischen Gegenpol zu veredeln. Und sei es nur, um darauf hinzuweisen, dass simple Naturprodukte wie die Kartoffel auf hundert verschiedene Arten verarbeitet werden, während es für Kakao nur einen Weg zu geben scheint.

Nun sind Kakao und Kartoffel keineswegs füreinander geschaffen. Kakao ist für nichts außer sich selbst geschaffen, kann aber dank seiner Omnipotenz vielen ärmeren Lebensmitteln (wie Milch) Glanz verleihen. Also auch Kartoffeln (feine Bio-Kartoffeln sollten es aber sein).

Schokoladen-Kartoffelbrei

Vorsicht, Wucht! Das Einlösen von Edelschokolade in Kartoffelbrei verändert die neutrale Kinderpampe nachhaltig. Je nach Dosierung, die man bis zum Wunschergebnis lang-

sam steigert, liegt der Haufen nunmehr hell oder mittelbraun, in jedem Fall aber deutlich aromatischer und schwe-
rer auf dem Teller. Das ist intensiv, lecker, mächtig und kann
gut in Krokettenform verbacken werden, sollte aber von
leichten, fruchtigen oder minzigen Saucen und dazu noch
ein paar Fruchtstückchen begleitet werden. Noch runder
wird das Geschmackserlebnis durch Beigabe von etwas
Muskat und rosa Pfeffer. Dunkle Milchschokolade ist übri-
gens auch möglich, im Brei ist ja ohnehin Milch vorhanden.

Ofenkartoffeln mit Nibs

Statt Rosmarin und Thymian eine gute Handvoll Edel-
kakaobruch kurz mit aufs brutzelnde Blech zu werfen,
macht die Sache nicht leichter, gibt aber schicken Biss,
der an Kaffee, Mandel und Haselnuss erinnert (und auch
damit kombiniert werden könnte), aber natürlich geschmacklich noch verwirrend weit darüber hinaus geht.
Gegen Pfeffer, Salz und etwas Zucker spricht nichts. Nur
Knoblauch sollte ausgelassen werden.

Reggae, Glaube und Kult

Auch wenn es in erster Linie um den Weg in eine goldene Kakao-kultur geht – es gibt sie jetzt schon: großartige Schokoladen, die immer noch nicht viele Menschen kennen. Wie großartige Musik.

Zum Beispiel jene von Lloyd »Bullwackie« Barnes, einem einst in der New Yorker Bronx ansässigen Jamaikaner. Von Ende der 70er, bis der in seiner Nachbarschaft geborene Hip-Hop Mitte der 80er zur Welteroberung ansetzte, betrieb er dort seine »Wackies« genannte Verschmelzung aus Plattenfirma, Studio und Soundsystem. Die musikalische Definition ist Reggae – doch wer dabei nur an »No Woman No Cry« oder, schlimmer, »Sunshine Reggae« denkt, hat bei Schokolade auch nur Milka und Nesquick im Sinn. Reggae, dieses insuläre Phänomen von Welt-kulturerbe-würdiger Dimension, hat eine ähnliche geschmack-liche Spannbreite wie Schokolade. Auch hier gab es eine Periode Radio-formatierten Sündenfalls, die genau in die Schaffenszeit von Lloyd Barnes fällt. Während in amerikanischen, später auch europäischen Studios die von Bob Marleys Welterfolg auf den Weg gebrachte Popverdünnung voranschritt, produzierte Barnes eine moderne Weiterentwicklung ohne den aufgeplusterten Ra-diosound dieser Zeit. Mit rudimentären Studiomitteln und trotz billigen Synthesizern entstanden hier reduziert-wohlklingende Reggae-, und (instrumentale) Dub-Alben unter sehr dezentem Einsatz von Zucker und ohne Milch. Das Rezept, mit dem sich sein Schaffen zusammenfassen lässt, benannte Barnes einst mit »Deep, Mystic & Roots«.

Wer jemals ein Stück wirklich guter Schokolade gegessen hat, weiß, was gemeint ist. Die Tiefe ist das mundfüllende Ereignis, der Bass des Geschmacks, warm, weich und voll. Die Mystik ist die verwirrende Vielzahl der Aromen, die jede Blüte, jede Frucht und jedes Gewürz einzeln erahnen lässt. Die Wurzeln sind die Erde, die Geschichte, die eine gute Schokolade erzählt – die Geschichte ihres Baumes und seiner Umgebung, die Geschichte von 3000 Jahren Kakao in diesem Boden. Ist es Frevel, von der Dreieinigkeit, von Vater, Sohn und Heiligem Geist, zu sprechen? Zumindest ist es kein Problem, durch Schokolade gläubig zu werden – erst recht nicht für uns gottlose Existenzen, die Erleuchtung ohnehin nur in Kunst, Genuss, Drogen, Musik, Sex und Sport suchen.

Glaube

Domori, die nahe Turin ansässige Marke, die mir meine erste und bis heute größte geschmackliche Erleuchtung bescherte, subtitelte in den Jahren ihrer Unabhängigkeit mit dem unschlagbaren Claim »Cacao Cult«. Jeder, der mit wacher Zunge ihre Schokoladen gegessen hat, wird automatisch Mitglied. Austritt ist nur durch Überforderung begründbar.

Seit Domoris Übernahme durch den Triester Großröster Illy ist die Qualität zwar nicht schlechter geworden, der Claim aber in das deutlich spitzfingerige »Cacao Culture« verwandelt. Geblieben ist das mit einer Flamme gefüllte Hexagramm als Logo.

Amedei, der Rivale aus der Toskana, von dem noch die Rede sein wird, spielt im Firmensymbol mit Davidstern und Diamant. Bei Bonnat, dem ältesten (französischen) Familienbetrieb in Sachen Criollo & Co, kommt gleich die Dorfkirche auf die Packung. Was im Sinne des Kakaos aber etwas unpassend ist.

Dass Maya und insbesondere Azteken Kakao als Göttergabe zelebrierten, ist bekannt. Der Katholizismus dagegen vertrat diesbezüglich eher eine duldende Position, auch wenn Mönche und Klöster lange Zeit die einzigen Vertriebswege der exotischen Frucht darstellten.

Die ersten Nutznießer, ob adlig, klerikal oder einfach reich, brachten das Getränk keinesfalls in Zusammenhang mit ihrem ohnehin zumeist nur pragmatischen Glauben. So wie es schwerfällt, die Bibel als Genussratgeber zu lesen, spielte Kakao in den Jahrhunderten christlicher Definitionsmacht eine höchstens gelittene Rolle, für die, wie so oft, die christlichen Ideen sehr frei interpretiert wurden. Mit der Anfang des 19. Jahrhunderts einsetzenden Erfassung der Ware Kakao in calvinistisch-anglikanisch-merkantilen Kreisen war es dann aber ohnehin um die Aura des Erlauchten geschehen. Kakao – das Getränk – wurde durch den vermehrten Import minderwertiger Qualitäten zur immer erschwinglicheren Leckerei, erreichte aber nie die alltägliche Zweckmäßigkeit von Kaffee oder Tee: wegen des immer noch höheren Preises, der umständlicheren Zubereitung und weil Kakao nun einmal nicht den arbeitsförderlichen Koffeingehalt der genannten Substanzen birgt. Das langwierig erhitzte, mit Zucker und Gewürzen kombinierte, gerührte und geschäumte Heißgetränk war vielmehr als zweifelhafte Droge des Müßiggangs verrufen – und dies aus gutem Grund, war doch die Kakaozeremonie bis dato ein eher liegendes Ritual der feinen Gesellschaft, unübersetzbar ins bürgerliche Arbeitsleben, was im protestantischen Norden entsprechend selten vorkam. So führte Kakao innerhalb der europäischen Konfessiongrenzen zwei unterschiedliche Leben.

Fry & Sons

Bei allem Respekt für technischen Erfindergeist – Kakaoboy-Ehren verdienen sie nicht, die Stollwercks und Suchards, die Pioniere der industriellen Verarbeitung. Voran ging der englische Quäker und Arzt Joseph Fry (1728–1787), der 1761 in Bristol die Schokoladenproduktion des Apothekers Walter Churchman übernahm. Wie noch zu Aztekenzeiten wurden die Kakaobohnen von Hand verarbeitet und die mit Gewürzen und Aromen vermischte Masse zu Kugeln oder Scheiben geformt, die dann als Grundlage für Trinkschokolade dienten.

Frys drittem Sohn, Joseph Storrs Fry (1767–1835), kommt nun die zweifelhafte Ehre zu, als Erster die Watt'sche Dampfmaschine zum Mahlen der Kakaobohnen eingesetzt zu haben. Mit der ebenfalls kurz nach Erfindung aufgegriffenen Van-Houten-Presse gelang der Firma Fry & Sons ein wirtschaftlicher Höhenflug, den eine eigene Entdeckung perfekt machte: Als Erste gab man 1847 die abfließende Kakaobutter, bis dahin Abfallprodukt der Produktion, anstelle von Wasser zum Pulverteig. Die derart rückverfettete Masse konnte nun erstmals auch in Formen gegossen werden und war nicht mehr brüchig und trocken wie die Produkte des 18. Jahrhunderts.

Die Folge: 1896 stellten 4500 Fry-Mitarbeiter rund 220 verschiedene Produkte her, bis 1935 schließlich der vormals größte Konkurrent Cadbury die Firma übernahm und die Marke verschwinden ließ. Die historische Fabrik in Somerdale soll nun 2010 geschlossen werden, die Produktion wird nach Polen verlagert.

Zuckerbrot

Mit der Fry'schen Schokolade überwand Kakao nun alle Barrieren, wurde Inbegriff von Süßigkeit und konkurrierte nicht mehr mit Tee und Kaffee, sondern wurde als Erweiterung der alten europäischen Zuckerbäckerei in Form von Kuchen und Gebäck deren ewiger Begleiter. Vor allem aber wurde Schokolade in verpackter Form zum zeit- und kulturlosen Snack, der vom Soldatengepäck bis zum Impulsartikel an der Tankstellenkasse seinen weltweiten Siegeszug antrat.

Verloren ging Criollo. Der neue Markt, seine Preispolitik und Nachfrage, verlangte nach standardisiertem Geschmack und vor allem nach billiger Masse. Nach Zuckerbrot für die neue Kaste der Fabrikarbeiter. Es begann das Zeitalter von Westafrika, wo im frühen 19. Jahrhundert die aus Südamerika zurückkehrenden Sklavenschiffe die robuste amazonasstämmige Spielart Forastero anlandeten – der in Windeseile kultiviert wurde und zum immer wichtigeren kolonialistischen Kapital anwuchs. Unsere zarten Criollo-Pflänzchen verwilderten oder starben. Die meisten lateinamerikanischen Plantagen verfielen wegen fehlender Bewirtschaftung (waren doch die Ureinwohner zu 90 Prozent ausgestorben) und letztlich wegen fehlender Nachfrage nach höherwertiger und damit auch teurerer Qualität. Lediglich ein paar französische Kleinstbetriebe hielten eine marginale Schattenwirtschaft aufrecht, meist mit jenen venezolanischen Plantagen, die in eine lokale Verwertungskette eingebunden waren (mehr dazu im nächsten Kapitel). Wir betreten das nur durch bunte Werbetafeln erhellte dunkle Jahrhundert des Industriekakaos. Wann kam die Magie zurück?

Eine andere beliebte Frage ist jene, wann und wo die jetzige Renaissance bzw. Neuerfindung der Schokoladenkultur begann.

Da wir jedoch nicht von einer Entdeckung à la Kolumbus und auch nicht von einer Erfindung à la Edison sprechen, gibt es darauf keine präzise Antwort. Der Familienbetrieb Bonnat, gegründet 1884, produziert seit 1984 sortenreine dunkle Schokoladen. Der entscheidende Schritt war die damit einhergehende Benennung der Tafeln mit Anbaugebiet und wenig später sogar Plantage. Valrhona, eine benachbarte, aber ungleich größere und professioneller ausgerichtete Firma, übernahm diese Praxis 1986 und transportierte sie später mit signifikanten Blends in die weltweite frankophile Sterne-Gastronomie. Valrhonas Kakao-Kategorisierungen wie »Guanaja« und »Manjari« sind seit 30 Jahren feste Größen in der gehobenen Patisserie – wobei der Schritt über Nachspeise, Praline und Gebäck zur eigenen Tafel erst viele Jahre später gewagt wurde. Diese zu 100 Prozent französische Geschichte, zu der auch die Familienbetriebe Bernachon, Debauve & Gallais und Cluizel gehören, sei aber nur aus historischer Lauterkeit erwähnt. Denn die grenzüberschreitende Revolution fand anderswo statt.

Bitter wird Kult

Für »die Deutschen«, so war es noch Anfang der 90er in einem französischen Bildband über Schokolade zu lesen, ist eine Tafel mit über 60 Prozent Kakao gleichbedeutend mit Medizin (alle anderen Nationen außer Frankreich werden diesbezüglich ähnlich kategorisiert). Den Umstand, dass Frankreich im letzten Jahrhundert dank der Folgen von Kolonialismus, Napoleon und vor allem einem in der landestypischen Genusskultur begründeten Absatzmarkt den wenigen lateinamerikanischen Qualitätskakao im Alleingang importierte, verschweigen die Autoren. Die wenigen Produkte, die hierzulande überhaupt mehr als 50 Prozent Kakao enthielten, waren in ihrer Kombination aus afrikanischem Forastero und industrieller Verarbeitung völlig unattraktiv im Geschmack und fristeten zu Recht ein Schattendasein in Omas Schublade neben Spitzendecken und Pillendosen, wo sie mit den Monaten, in denen sie aufgespart und von Enkeln verschmäht wurden, dröger und trockener wurden. Als einziger sichtbarer Versuch, dunkle Schokolade aus diesem Dasein zu befreien, darf Stollwercks »Schwarze Herrenschokolade« gelten, die mit 60 Prozent Kakao exakt die Grenze des Vorstellbaren markierte, im Zuge des neuen Trends als Revival zurück kam, heute aber nur als das übersüße alkalisch-pulvrige Kuriosum erscheint, das sie schon immer war. Für eine Umwertung der bitteren Schokolade musste hierzulande einiges überwunden werden: erst einmal gut 50 Jahre Nachkriegszeit, in denen alles Bittere schlechte Karten hatte. Das Leben war bitter genug und Schokolade, diese lange unerreichbare Köstlichkeit, dazu da, genau jene Bitterkeit zu versüßen. Dass es 50 – und nicht nur die real bitteren zehn Jahre lang dauerte, hat mit dem seit jeher schwierigen Verhältnis »der Deutschen« zum Genuss zu tun, aber auch mit der Verfügbarkeit von gutem Kakao.

Auch bei Wein und Kaffee brauchte es eine Generation, um mit den Traditionen der Nachkriegszeit zu brechen. Bei Schokolade dauerte es ein Jahrzehnt länger, weil hier der Boden in doppelter Hinsicht neu bereitet werden musste. Wo beim immer schon bitteren Kaffee mit Espresso und Macchiato zunächst neue Zubereitungsformen und Inszenierungen und damit auch gleich die Welt der verschiedenen Bohnen und Röstungen fetischisiert wurden, war der Weg des Weins vom lieblichen Amselfelder zum komplexen Barolo schon weiter – die meisten verweilen mit den sonnig-fruchtigen Spaniern und Süditalienern ohnehin auf halber Strecke. Welch gewaltigen Schritt die Schokolade nehmen musste, erklärt schlichtes Zahlenwerk: Eine handelsübliche Milchschokolade enthält knapp 10 Prozent feste Kakaobestandteile (angegeben sind zwar 30 Prozent, zwei Drittel davon sind aber hinzugefügte Kakaobutter). Die Schokoladen, von denen hier wesentlich die Rede ist, enthalten mindestens 70 Prozent Kakao – und zwar nach Möglichkeit aus der ungeteilten und vor allem aromatischen Bohne.

Was darf es sein: Ein mit fünf Esslöffeln Zucker verrührter Milchkaffee? Oder ein dezent gesüßter Espresso?

Espresso

Kurz bevor ich mein längst verschiedenes Schokoladen-Café (namens »Kakao«) eröffnete, wollte ich mein Wissen um die andere braune Substanz erweitern. (Der fromme Wunsch, »Kakao« würde als Name auch ohne den Appendix »Café« reichen und in Folge dazu führen, dass »ins Kakao gehen« mit der Selbstverständlichkeit von »ins Café gehen« in die Sprache übergeht, erwies sich im Alltag als ebenso utopisch wie meine ursprüngliche Absicht, nur Trinkschokolade und keinen Kaffee anzubieten.) Zur Weiterbildung ließ ich mich von einem venezianischen Röster auf eine wochenendlange Kaffeeprobe einladen. Was als Genussreise geplant war, wurde sehr schnell zu schweißtreibendster Arbeit: Unter einem hochsommerlichen Industrieblechdach Dutzende Espressi zu testen, ist das Gegenteil von Dolce Vita. Außen floss der Schweiß, innen krampfte der Magen. Dennoch hatte diese Tortur eine Parallele zu jeder meiner Schokoladenverkostungen: Irgendwann will, ja muss man wissen, wie »der Stoff« wirklich schmeckt – unvermischt und möglichst ursprünglich. Was beim

Espresso gegeben ist und sich in Fragen nach Sorte, Reinheit und in Folge Wasser, Mahlgrad und Maschinendruck ereifert, war bei Schokolade oder besser Kakao bis vor kurzem unmöglich. Dann kam Anfang des neuen Jahrtausends der französische Hersteller Cluizel und wenig später der paneuropäische Marktführer Lindt mit 99-prozentigen Tafeln auf den Markt. Diese Produkte machten das Fenster auf, aber auch gleich wieder zu – beide wiesen weder ihre Bohnen aus, noch waren sie genießbar. Bis schließlich Kakaoboy Gianluca Franzoni seine erste 100-Prozentige lancierte (seiner Aussage nach schon 1999, hierzulande aber erst 2004 erhältlich) und damit zum zweiten Mal Geschichte schrieb – auch wenn dieser Fundamentalismus, wie Franzoni bis heute betont, nicht der Domori-Firmenphilosophie entspricht. Derzeit gibt es schätzungsweise 10 bis 15 verschiedene Schokoladen aus nichts als Masse und mehr oder weniger Kakaobutter auf dem Markt – und alle unterscheiden sich deutlich.

100 Prozent

100 Prozent? Wie geht das denn? Das ist doch sicher nur bitter? Ja, das ist bitter, aber nicht nur. Man sollte versuchen, beim Probieren nicht an Schokolade zu denken. Das ist etwas anderes.

Es ist ein spannendes Spiel. Während so gut wie jede andere Kostprobe sofort den Kaufimpuls auslöst, ist die Hundertprozentige zumeist ein Brocken, der, wenn überhaupt, dann nur langfristig wirkt. Auf den ersten Biss ist die Erfahrung einer solchen Schokolade unabhängig von ihrer Qualität immer frustrierend. Auge und Tastsinn melden dem Gehirn Schokolade, die Nase ist ob des deutlich flacheren Aromas schon etwas irritiert, die Zunge schreit laut: »Alarm! Das ist keine Schokolade!« Der Schritt von 50 Prozent Zucker bei Milchschokolade zu 10 Prozent Zucker bei einer extrem hochprozentigen Dunklen ist nicht so folgenreich wie der von 10 Prozent zu null, zum absoluten Kakaogehalt.

Wenn Zucker und alle anderen Zutaten verschwinden, sind wir nicht mehr in der gut dokumentierten Frühzeit, sondern in der nebulösen Steinzeit der Kakaogeschichte – und selbst hier ist es höchst unklar, ob die Bohnen in verarbeiteter Form jemals pur genossen wurden. Affen, die vor uns Menschen für die Fortpflanzung des Baumes verantwortlich waren, spuckten die Bohnen, die ja Samen sind, nach dem Ablutschen der Pulpe jedenfalls wieder aus – woraus neue Bäume wuchsen. So ist dieses Geschmackserlebnis historisches Neuland, vor allem, da die Aufschlüsselung der Aromen in heutiger Verarbeitungstechnologie aus der Bohne etwas gänzlich anderes macht als jemals zuvor, da absoluter Schmelz den Charakter der Bohne und alle Schritte der Verarbeitung von der Fermentation über die Röstung bis zur Vermahlung präzise dokumentiert. Dazu im vierten Kapitel mehr.

Wenn Schokolade, wie gern behauptet, ein Ersatz für Sex ist, dann sind 100 Prozent ein Krampf. Zumindest beim ersten Mal. Wenn der Schmerz nachlässt, teilt sich die Menschheit höchst ungleich in Entdecker und Traditionalisten. Es kann natürlich auch sein, dass »der Konsument« angesichts begrenzter Finanzen seine fünf Euro beim nächsten Mal lieber für zwei süße Leckereien statt für eine herbe Erfahrung einsetzen möchte. Doch wenn man das zuckerlose Dunkel einmal betreten hat und sich die Sinne schärfen, riecht und schmeckt man – nicht immer, aber zumindest bei Domori, Corallo und Pralus: edle Bäume, saftiges Unterholz und prächtige Pilze, bestäubt von einem Gemisch aus Muskat, Kaffee, rotem Pfeffer, Zitronenkernen ...

Im Tageslicht allerdings bleibt es eine strenge Angelegenheit, wie ein von kadenzlosen Akkorden begleiteter Dogmafilm, der im

Fachgeschäft mit glänzend besetzten und von Ennio Morricone cool verschnulzten Romantikthrillern mit Tiefe und Leichtigkeit, mehreren Ebenen und Sonnenuntergang konkurrieren muss. Die nächste Frage (nach dem Milchkaffee) ist also: Muss es immer Sonnenuntergang sein? Oder geht Genuss auch mal ohne Streicher, sprich Zucker?

Kakaobohnen essen

Ganz anders ist es mit puren, gerösteten Kakaobohnen. Hier ist das Hirn unbelastet, es besteht keine Gefahr, an Schokolade zu denken. Wenn überhaupt, sind Pistazien und vor allem Mandeln die Blaupause. Im Biss eher Kaffeebohnen, denn zunächst gibt sich der Samen fest, spröde und krümelt im Mund. Dann aber – so man ihn nicht gleich hektisch herunterschluckt, sondern noch etwas mahlt und matscht – kommt eine geschmackliche Erfahrung, die an Ohos, Ahas und Reinheit nicht zu überbieten ist und sich zur Supermarktwelt der Schokolade verhält wie Mark Rothko zu Carl Spitzweg. Wenn es eine gute Bohne ist.

Trotzdem ist es unwahrscheinlich, dass dieses pure Vergnügen einen großen Markt erreicht. Selbst aus den Ursprungsgebieten wird nicht von leidenschaftlicher Bohnenkauerei berichtet. Warum? Vor allem, weil sich die Bohne nicht gerne von ihrer Haut trennt, sie diese für den Genuss aber unbedingt verlieren muss, denn sie ist zäh, geschmacksneutral und bleibt garantiert zwischen den Zähnen hängen. Die wenigen, die selbst einmal daheim Bohnen in der Pfanne vorsichtig geröstet haben, wissen: Es ist kein Problem, diese mit einer kurzen Handbewegung sauber und komplett von der Haut zu befreien. Aber eben auch nur genau so. Jede Maschine, die diese Arbeit ersetzen könnte, muss die

Sensibilität einer Hand haben, wissend, wann Druck angemessen ist und wann nicht.

Der normale Weg, Bohne und Haut zu trennen, ist der so genannte Brecher, in dem die häutigen Bohnen gebrochen und mit dosierter Staubsaugerkraft von den leichteren Häutchen getrennt werden. Was bleibt, sind die so genannten Nibs, der Kakaobruch, die offene Bohne, die sofort Aroma verliert. In der Industrie wird nun nicht die ganze Bohne, sondern dieser Bruch geröstet, was die Effektivität erhöht, aber angesichts teilweise winziger Bruchstücke notwendig zu Überröstung führt.

Wer jetzt den aufkeimenden Wunsch nach dem Genuss einer edlen, wohlgerösteten und geschälten Bohne verspürt, findet auf dem gesamten Markt nur ein einziges Produkt, natürlich von Domori, die dafür eigens eine kleine Streichelmaschine konstruiert haben. Zwei Jahre lang fuhr man in Turin sogar den fundamentalen Kurs, alle (zu der Zeit sieben) sortenrein verarbeiteten Qualitäten auch als geröstete und geschälte Bohne auf den Markt zu werfen. Der aber war völlig überfordert und der Preis von knapp zehn Euro für 100 Gramm tat das seine. Dafür kriege ich doch auch die beste Schokolade der Welt, oder?

Die beste Schokolade der Welt I – Weiblich

Auch wenn Lasse Hallström ein Mann ist: Er weiß um weibliche Befindlichkeiten und lässt es Vianne, will sagen Juliette Binoche, überzeugend umsetzen. Die Frage, wie sich meine Klientel geschlechtsspezifisch unterteilt, kann ich nicht eindeutig beantworten. Eine der Erkenntnisse hinter dem Tresen ist aber, dass mindestens genauso viele Frauen wie Männer präzise dunkle Wünsche äußern – und für ihre männlichen Begleiter mit milder

Nachsicht Milch- und Nussprodukte mitnehmen. Wobei das Klischee, nach dem es Frauen weniger um Marken als um Ästhetik geht, meist zutrifft – eine Weisheit, die die klassische Confiserie wie auch die industrieunterfütterte Kaufhaus-Süßwaren-Abteilung mit Unmengen femininer – oder besser tantiger – Päckchen und Häppchen seit Jahrzehnten befolgt.

Ob bei Lindt, Feodora, den vielen neuen gesichtlosen Marken oder dem mit »Rocher«, »Mon Chéri« und »Küsschen« marktführenden Giganten Ferrero – immer geht es darum, sich mehr oder weniger genießerisch bzw. zügellos Kleinigkeiten zuzuführen, die der Idee der häppchenweisen Verführung entsprechen. Am besten in der Form von Pralinen, die der belgischen fettverarbeitenden Industrie seit Jahrzehnten ein gutes Auskommen beschert.

Ein besonderes Beispiel ist die auf 1859 zurückgehende deutsche Firma Most, einst Hersteller, nach dem Krieg nur noch Filialist und nach deren Schließung Ende der 90er nunmehr Marketingvertriebshaus ohne eigene Fertigung. Most war die hochwertigste oder zumindest am hochwertigsten auftretende unter den Confiserien, dort wo frau in Deutschland hinging, wenn es was Besseres sein sollte als Arko oder Hussel.

Heute ist Most die horizontale Zuspitzung von »Chocolat«, wo Verführung mit weiblich geschürzten Lippen und lasziver Pose plakativ ausgewalzt wird.

Die beste Schokolade der Welt II – Männlich

Wo von »Frau« und »Mann« die Rede ist, sind die alten und neuen Biologisten unter der schenkelklopfenden Führung von Mario Barth nicht weit. In meiner Verkaufserfahrung wurden angenehmerweise fast alle auf solch dumpfen Stereotypen beruhenden

Marketingerkenntnisse ad absurdum geführt. Bestes Beispiel ist die Hundertprozentige, die als männliches Gipfelstürmer-Phantasma erscheint: Die Mehrzahl der Widerholungstäter in meinem Kosmos ist eindeutig weiblich. Da aber in jedem Witz, auch dem dümmsten, Wahrheit steckt, kann man die Linien von Hamann zu Bonnat und von Hachez zu Domori sowohl seitens ihrer Produzenten wie Konsumenten doch als deutlich männlich empfinden. Hier regiert die Tafel und das gute alte Quartettspiel mit hohen und noch höheren Prozenten, Anbaugebieten und Verarbeitung: Maracaibo, Criollo, 80 Prozent, Stich!

Ohne Prozentzahlen, doch mit ähnlichem Extremismus sind »Männer« aber auch die hauptsächlichen Vernichter süßer und süßester (Karamell! Schokoküsse!) Produkte. Ich erinnere eine Zeit, in der ich dem aus Kondensmilch und gefühlten 150 Prozent Zucker bestehenden Riegel »Caramac« verfallen war. Was mit Schokolade nichts zu tun hat.

Kakao betreffend noch ein kleiner Marketingtipp in Richtung Most und Konsorten: Die Steilvorlage, dass es sich bei Kakaobohnen um nichts anderes als Samen handelt, wurde noch nicht fruchtbar kommuniziert.

Spektakel

Die »Schokoladenverkostung« ist eine neue Form von »Kult«. Dass sie es zur gesellig angetrunkenen Popularität einer Weinprobe bringen wird, ist wegen fehlender Beschwipsung unwahrscheinlich – weswegen auch alles getan wird, um die zu 90 Prozent inkompatiblen Welten »Wein« und »Schokolade« auf Teufel komm raus zusammenzuknoten. Dabei geht es im Prinzip um nichts anderes als um eine inhaltliche und äußere Umgestaltung gut bekannter Nachmittagsrituale – dem uralten »Heiße-Schokolade-Machen« und dem europäischen »Pralinenpackung-Plündern«.

Um diese kulturellen Instinkte nun mit Qualität zu füttern, sind Arbeit und Geld vonnöten. Dass eine gute Praline oder Trüffel aufgrund ihres Anteils an Milchprodukt möglichst frisch sein sollte, ist bekannt und jede haltbare Pralinenpackung entsprechend nur eine Tiefkühlpizza. Eine gute Trinkschokolade – dazu später mehr – erfordert Eigeninitiative: Es gilt, die richtige Schokolade in der richtigen Dosierung mindestens zwei Mal mit Flüssigkeit vorsichtig zu erhitzen, nach Geschmack mit Vanille, Salz und sonstigen Gewürzen zu verbinden und immer wieder zu verrühren. Wollen wir nun einen bunten Teller aus vielfätigsten Schokoladen komponieren, gibt es auch dafür keine »All-in-One«-Lösung, kein Convenience-Produkt. Schokolade ist nicht nur in jedem Punkt ihrer Herstellung eine launische Diva, auch in der Lagerung mag sie keine Nachbarschaft. Würden wir verschiedene Häppchen, ohne sie einzeln zu verschweißen, in eine Packung legen, würden sie sich sofort aromatisch durchdringen und ihren Charakter verlieren. Wer also den ganz großen Spaß möchte, muss selbst aktiv werden und verschiedene gute Tafeln kaufen. Hier ein Wegweiser.

Die beste Schokolade der Welt III – Zeitgemäß

Im Jahre 2002 durfte ich für ein Hochglanzmagazin eine Reportage über einen US-französischen (sic!) Pralinenversender schreiben. Die Firma zChocolat.com, bis heute allem Anschein nach gut im Geschäft, hatte (und hat) sich der Aufgabe angenommen, die in der internationalen Hautevolee begehrlichste Form von Schokolade per FedEx-Express innerhalb von maximal zwei Tagen in jedes Land der Erde zu schicken. Es geht um Pralinen, genauer gesagt um von prämierten französischen Patissiers handgefertigte tagesfrische Trüffel bzw. Pralinées.

Zunächst gab es nichts zu klagen – das umzugskartongroße Paket kam am zweiten Tag nach Bestellung und bestand zu 95 Prozent aus Styropor und diversen Papieren und Folien, bis schließlich der zigarrenkistengroße Ballotin zum Vorschein kam. Es war Hochsommer und der Verpackungswahn von daher verständlich. Dass trotzdem ein Drittel der Ganache-Preziosen eingedellt und mit leichtem Grauschleier überzogen war, hätte ich im normalen Leben verständnisvoll abgetan, in diesem Fall ging es aber um 50 Euro für 250 Gramm, also um Premium-Service de luxe, bitte sehr.

Wenn ich heute gefüllte Wünsche habe, befriedigt mich eine Tafel Almrosenhonig oder Bergminze von **Tiroler Edle** weitaus besser. Der Handwerksbetrieb aus der Nähe von Innsbruck ist eine seltene Kombination aus ausgeschlafenem Marketing und der Wucht in Tüten. Ob gefüllt, massiv oder bestreut: In den kleinen Täfelchen stimmt jeder Ton. Zartes ist zart, Knackiges knackt und vor allem sind alle Geschmäcker wahrhaftig edel und sauber identifizierbar. Das kostet genauso viel wie normal-seriöses Pralinenhandwerk (50 Gramm zu 5 Euro), bietet aber mehr und vor allem längeren Geschmack. Man verarbeitet schließlich Domori-Massen, Frischmilch von Tiroler Bergkühen und ist auch sonst höchst penibel.

Die ähnlich hochpreisigen Produkte der im nächsten Kapitel charakterisierten Toskanaschmiede **Amedei** sind dagegen nicht meine Tasse Tee. Zwar wird hier mit Sorgfalt von der Bohne an gearbeitet und mit Chanel-Anmutung, Toskanatüdelüt und dem Fokus auf Schmelz und gefälliger Lieblichkeit werden diesbezügliche Höchstnoten erreicht, damit wird aber nur französischem

Etepetete-Habitus ein neuer Anstrich gegeben. Und wie bei den Franzosen darf auch hier nicht gelacht werden.

Drei Zypressenhügel weiter macht der aus Holland zugezogene Paul **De Bondt** schon mehr Spaß. Zwar muten seine in dicker silberner Folie verschweißten 100-Gramm-Tafeln eher wie Schreibwaren an, was er aber aus der Vermischung aller seriösen europäischen Kuvertüren, wahrhaft erlesenen Gewürzen und kleingehackten Früchten erzielt, ist die acht Euro für 100 Gramm auf jeden Fall wert.

Gleiches gilt für den Brüsseler Enfant terrible und Vorzeigekakaoboy **Laurent Gerbaud**. Umgeben von jahrhundertealter Fettveredlungstradition hat er sich sauberen, hochprozentigen Kombinationen verschrieben und scannt den Weltmarkt nach Nüssen, Früchten und Gewürzen, die mit seinem persönlichen Domori-Blend auf Augenhöhe harmonieren.

Ganz anders, aber ebenso bemerkenswert (und dank großem Vertrieb längst gut bemerkt) ist der katalanische Schokokünstler **Enric Rovira**. Der verarbeitet zwar fast nur spanische Industrieware, dies aber in artistischer Konsequenz: Seine raumfüllenden Schokoladenobjekte sind ausnahmslos Kubrick-Film-würdig. Die käuflichen Kleinformate zieren jeden zeitgemäßen Coffeetable und wenn dann noch kleine, preislich und geschmacklich seriöse Trüffel mit Comiccharakteren bebildert und als »Kacka-Haufen« bezeichnet werden, wird im humorfernen Genussmittelsektor Neuland betreten.

Darüber hinaus ist die Luft im hierzulande erhältlichen Bereich echter Schokoladenspektakel dünn: Neben den falsch verpackten, inhaltlich aber über den Wassern schwebenden Originalen aus dem Hause **Domori,** die geschmacklich die Latte legen, bleibt nur die ganz anders gelagerte, aber ähnlich fundamentale Arbeit von **Claudio Corallo** zu erwähnen. Dieser waschechte

Kakaoboy hat sich nach dem Verlust seiner Kaffeeplantagen im Kongo auf der Westafrika vorgelagerten Insel São Tomé neu angesiedelt und versucht seitdem, über die endlose Verlängerung von Fermentation und das manuelle Entfernen des winzigen und mir bis dato unbekannten »Sprosses« der Bohne dem per Genetik limitierten Forastero seiner Insel alles nur Denkbare einzuschreiben. In gleich schlichter Tintenpatronenverpackung wie von DeBondt finden sich grob gebrochene Stücke frischester Agrikultur, die, besonders in Kombination mit in vergorener Kakaopulpe eingelegten Rosinen, jede Praline auf Zucker und Fett reduzieren.

Im deutschsprachigen Raum bietet die »Labooko« genannte massive Linie des spät, aber umso überzeugender ins Kakaoboy-Lager hinzugestoßenen Österreichers Josef **Zotter** diverse große Geschmackserfahrungen, darunter auch eine der besten Hundertprozentigen auf dem Markt. Auch der nahe Bonn residierende Hersteller **Coppeneur** hat sich mit Ehrgeiz der Kakaoverarbeitung angenommen und legt mit seinen 50-Gramm-Tafeln aus Ecuador, Madagaskar und Jamaika die besten dunklen Schokoladen aus hiesigen Landen vor.

Die unterschiedlich großen Vier der französischen Edelkakaoverarbeitung, **Valrhona**, **Cluizel**, **Bonnat** und **Pralus** sind allesamt bemerkenswert und wichtig und sollten in der einen oder anderen Form auf dem bunten Teller vertreten sein, stehen aber eher für das Grundwissen als für das Spektakel der guten Schokolade.

Für alle, die wissen wollen, wo der edle Schokoladenhase jetzt grade läuft, gilt es auch heute, das Internet effektiv auszuwerten und sich auf die Reise zu machen. Zum Beispiel nach San Francisco, wo eine kleine Gründerstimmung herrscht, aus der besonders ausgeschlafen die Firma **Tcho** heraussticht. 2002 von einem der Initiatoren der Computerbibel *Wired* ins Leben gerufen, wird hier mit einem überschifften, alteuropäischen Maschinenpark diverser Edelbohnen auf neokonservative Art die Essenz abgepresst. Dabei sitzt von der Geschmacksbestimmung bis zur Nutzerführung jeder Marketinggriff bis ins Detail – was man, wie Ortsansässige berichten, auch als »steril« empfinden kann –, doch Neuland wird hier auf jeden Fall betreten. Die Schokoladen schmecken, obgleich für meinen Geschmack zu dick gegossen und auch nicht nach der reinen Lehre komponiert, signifikant, frisch und nach gut behandelten Bohnen.

Die Reklamation bei zChocolat wurde zu meiner vollen Zufriedenheit abgewickelt. Innerhalb weiterer 48 Stunden bekam ich exakt die gleiche Bestellung noch einmal. Wenn ich mich recht erinnere, war die Hälfte der kleinen Franzosen von sehr sauberer Qualität. Das Gespräch mit dem Firmengründer offenbarte allerdings eine Dimension landestypischer Arroganz, die hauptsächlich von einer Ignoranz der Restwelt zeugte und meinen Wunsch nach einem eigenen und ganz anderen Laden nochmals verstärkte.

Chacun á son goût

In Indonesien werden die Bohnen auf einigen Plantagen mit Feuer bzw. Rauch getrocknet. Eine Überlieferung, der ich gerne glaube, da ein paar Schokoladen aus Bohnen dieser riesigen Provenienz eindeutig geräuchert erscheinen. Wie Räucherfisch. In der Welt der Industrie werden alle geschmacklichen Tendenzen dieser Art unter »hammy« bzw. »schinkig« zusammengefasst – und sind unbedingt zu vermeiden. »Schinkig« ist großem Publikum nicht zuzumuten. Vor allem, weil es brancheninternem Wissen zufolge dadurch hervorgerufen wird, dass unterbezahlte Lagerarbeiter den Weg zur Toilette abkürzen und sich in die Kakaosäcke erleichtern. Die geschmacklichen Ergebnisse aus Räucherei und Urin, aber auch einer wie von Corallo verlängerten Fermentation (siehe nächstes Kapitel) sind nun erstaunlich ähnlich – und haben auf der Seite gut zahlender Konsumenten viel mehr Freunde, als die Industrie wahrhaben will. Ich will nicht Fetisch und SM das Wort reden – doch nur Vielschichtigkeit, Komplexität und Spannung macht aus Essen Genuss und aus Schokolade Spektakel. Und letztlich ist auch die für jede Bohne notwendige Fermentation, um die es noch intensiv gehen wird, nichts anderes als eine Verrottung mit primär höchst unangenehmen Gerüchen.

Die Weltreise des Kakaos

Das erdigste Kapitel beginnt mit der leichtesten Musik: einem Puertoricaner aus New York-Spanish Harlem mit Conga im Dienst von Jazzlegenden wie Cannonball Adderley und Dizzy Gillespie, bevor er seine eigene Latingruppe gründete. Ray Barretto ist Criollo im kreolischen Sinne, seine tanzende, sonnige Seite. Allein anhand der Menge von Aufnahmen muss er nonstop gespielt haben. Die Platte »El Ray Criollo«, veröffentlicht im goldenen Jahr 1966 und voll von metaphorischen Kakaothemen (»Salsa y Dulzura«, »Descarga Criolla« »A Maracaibo«) ist eine seiner vielen Sternstunden, bestens zum Tanzen, mal sportlich, mal verträumt. Ein Exportschlager, in dem, wie es guter Musik ansteht, auch Sentimentalität, Entbehrung, Härte mitschwingen. Was man Soul nennt. Oder Criollo.

Erde und Wasser

Der Kakaobaum blüht das ganze Jahr. Aus den bis zu hunderttausend Blüten werden nur 20 bis 30, in guten Jahren 50 davon zu Früchten, die direkt am Stamm wachsen und zweimal im Jahr geerntet werden. Diese 15 bis 25 Zentimeter langen und 7 bis 10 Zentimeter dicken ledrig-holzigen footballförmigen Gebilde enthalten in fünf Reihen 25 bis 50 bohnenförmige Samen, eingebettet in ein helles süßliches Fruchtmus.

Angesichts des dünnen unscheinbaren Baums ist das ein unglaublicher Job. Dafür braucht es Wasser. Viel Wasser. Wenn dazu noch etwas Salz in der Luft ist, also der Ozean in der Nähe, geht es dem Baum besonders gut. Fast jeder große Kakao kommt aus Küstenregionen. Kein Wunder also, dass der am Amazonas beheimatete Forastero nicht die Qualität von Criollo hat und dass auch bei den Forasteros jene besser schmecken, die in Meeresnähe wachsen.

Wenig erforscht, aber naheliegend ist das Thema Boden. Wie bei Kaffee und vielen anderen Früchten ist Vulkan bzw. Lava ein Favorit – zu finden auf São Tomé ebenso wie in Madagaskars Anbaugebiet Nosy Bé, auf karibischen und indonesischen Inseln und in Soconuscos angrenzendem Bergland. Welche Rolle die geografische Herkunft darüber hinaus für den Kakao hat, kann wissenschaftlich nie fixiert werden. Dazu sind die Verhältnisse von Biologie und Bewirtschaftung viel zu chaotisch. Es gibt nämlich noch einen bislang verschwiegenen Dritten im Bunde: Trinitario, benannt nach der Insel Trinidad. Das ist der Bastard, der Mischling, die Zukunft. Wie zuvor und danach an vielen anderen Orten auch, wurde der dortige Criollo-Bestand 1727 von einer Seuche dahingerafft und das Brachland wenige Jahre später mit festländischem Forastero neu bepflanzt – nur dass Criollo nicht ganz verschwunden war und sich eifrig mit dem Neuling paarte. Es entstand der neue Kakao der Karibik, fruchtig, robust und zu mehr als einem Hit geboren: Trinitario. Biologisch ist der Bastard kaum zu fassen. Im ICG, der auf Trinidad ansässigen International Cacao Genebank, sind mehr als 3000 Spezies genetisch fixiert. Und natürlich bereitet das forsche Mischlingskind seinem schwächlichen Vorfahr Criollo größte Probleme, sich weiterhin sortenrein zu behaupten.

Das Ende von Mexiko

Kakaoanbau braucht Arbeitskraft. Viel Arbeitskraft. Eine wichtige Information, um zu verstehen, was in den Jahrhunderten nach den Eroberungszügen von Hernán Cortes mit Criollo geschah. Mexiko, genauer gesagt der Süden einschließlich Guatemala, Honduras, Belize und El Salvador, war bis zur Ankunft der Spanier nicht das wichtigste Anbaugebiet der Erde, sondern das Einzige. Und Criollo war der einzige kultivierte Kakao. Doch nicht nur Criollo ist anfällig für Krankheiten. Die indianische Bevölkerung war den Bazillen und Epidemien, die die Spanier ihnen brachten, hilflos ausgeliefert. So rafften den, der noch nicht umgebracht, durch Fronarbeit zerschlissen oder an Misshandlung gestorben war, schließlich die Pest, Masern oder eine einfache Grippe dahin. Ende des 17. Jahrhunderts war die ursprüngliche Bevölkerung der spanischen Eroberungen um 90 Prozent dezimiert. Und so sehr die Spanier versuchten, ihre Minen und Plantagen mit afrikanischen Sklaven wieder »aufzufüllen«, ging allein dadurch ein Großteil des ursprünglichen Anbaus zugrunde – während die europäische Nachfrage weiter anstieg. Die Reise des Kakaos begann.

Kakao der Armen

Über die Frage, wie es zur Entstehung von Forastero und Criollo kam, gibt es mehrere Theorien. Die plausibelste stammt vom spanischen Botaniker José Cuatrecasas, dem zufolge beide Varietäten auf den gleichen Ursprung in durchgehender Präsenz von Venezuela bis zum unteren Amazonas zurückgehen, sich aber im Laufe der Jahrtausende durch die bekannte Krankheitsanfälligkeit der Pflanze unterschiedlich entwickelt haben, wobei eine immer breitere unbewachsene Grenze den Criollo des Nordens vom Forastero des Südens trennte. Ein bestechendes Indiz hierfür ist die Tatsache, dass Criollo und Forastero bei allen Unterschieden höchst kreuzungswillig sind – aber nur untereinander und mit keiner anderen Pflanze.

Auf der verzweifelten Suche nach Quantität wurden die Spanier schließlich ein paar tausend Kilometer weiter südlich fündig. In der Mündungsregion des Guyas im heutigen Ecuador wuchsen große Wälder wilden Forasteros, den die dort nach der Eroberung von Peru niedergelassenen Spanier alsbald in Angriff nahmen, um die Versorgungslücke zu schließen. Guyaquil wurde Mitte des 17. Jahrhunderts zur wichtigsten Ausflugschneise und überschwemmte die Märkte von Guatemala und Mexiko, wo dieser wegen seiner minderen Forastero-Qualität als »Kakao der Armen« verspottet wurde.

In Brasilien hatten die Jesuiten bis zu ihrer päpstlichen Aufhebung im Jahre 1773 praktisch das Monopol auf den Kakaoanbau. Zwar war die Qualität wegen des nicht vorhandenen Wissens um Fermentation noch schlechter als die ecuadorianische, doch war dies immer noch besser als kein Kakao. Als England während der napoleonischen Kriege vom venezolanischen Export abgeschnitten war, wurde der bittere Stoff aus dem Amazonasdelta kurzzeitig zum einzig erreichbaren Kakao, der sicher auch seinen Weg in die Werke von Fry & Sons fand.

Caracas

Der qualitativ akzeptabelste Ersatz für die verödeten Felder Mexikos wurde Venezuela. Hier liegt allen Erkennissen nach der älteste Ursprung des Criollo, der von den mittelamerikanischen

Hochkulturen dann immer weiter nach Norden geholt wurde, wo er – Kakao braucht Pflege – seine zweitausendjährige Blütezeit erlebte. Dem wilden ursprünglichen Criollo Venezuelas halfen die Spanier mit mexikanischen Samen und der »Hilfe« importierter Sklaven nunmehr kräftig nach. Im 17. und 18. Jahrhundert war das Land der wichtigste Exporteur Richtung Europa. Die Besitzer der großen Plantagen wurden zu reichen und mächtigen Unternehmern, die sich schon bald wenig um die spanischen Ansprüche scherten, sondern ihren Kakao auch an holländische und englische Händler oder Freibeuter verkauften. Der Hafen dafür war La Guaira, nördlich der Hauptstadt Caracas, weswegen der venezolanische Kakao pauschal den Namen Caracas erhielt. Wie überall, so grassierten aber auch hier Krankheiten und die Bastardisierung durch Forastero und später auch Trinitario schritt voran.

Chuao

Es gibt wenige historische und immer noch produktive Orte in Sachen Kakao. Chuao ist die Nummer eins. Ein von Bergen eingeschlossenes Dorf an der venezolanischen Küste mitten zwischen Caracas und Trinidad. So gut von Bergen eingeschlossen, dass man es nur per Boot erreichen kann – und auch die dortige Vegetation hat ähnlich wenig Austausch mit dem Rest der Welt. Ein geheimer Hafen, wie geschaffen für Seefahrer, Mythenbildung und Einzigartigkeiten. Seit dem 17. Jahrhundert wird hier Kakao angebaut, gepflegt und immer über Marktpreis verkauft, in den letzten 100 Jahren ausschließlich an Franzosen. Bis Italien aus seiner Kontinentalsperre erwachte. Denn es war Napoleon, der nicht nur die Engländer, sondern vor allem die Italiener zeitweise vom Kakaoimport abschnitt, mit der Konsequenz, dass Nougat erfunden wurde und Ferrero den Markt regiert. So liegt auch der Chuao-Disput in dieser langen und ungleichen Fehde in Sachen Kulinarik und Macht begründet.

Als Meister darin, Probleme ins Positive zu wenden, waren die Italiener 200 Jahre lang und noch darüber hinaus zufrieden damit, der zunächst als Kakaoersatz fungierenden, dann immer mehr fetischisierten (Piemont! Langhe!) Haselnuss kleine Mengen von Kakao hinzuzufügen. Gianduia, das italienische Original zu unserem »Nougat«, ist eine feine Sache und fraglos die leckerste unter allen Ersatzschokoladen. Aber eben etwas ganz anderes. Das sahen Ende der 90er zwei Italiener auch so und bliesen relativ zeitgleich zum Angriff auf das französische Monopol. Zwei sehr unterschiedliche Italiener. Gianluca Franzoni, in Bologna aufgewachsener Neu-Genuese, ging in Venezuela still und heimlich selbst auf die Suche nach dem Heiligen Gral. Allessio Tessieri kam mitten aus der weltweiten Touristikikone Toskana, hatte wenig Zeit und wollte sofort die Postkarte, wollte Chuao. Und dies, obwohl die Sehenswürdigkeit heruntergekommen war: Längst hatte der kleine Grenzverkehr auch hier, in der Criollo-Hochburg, Trinitario und Forastero wachsen lassen – logisch, war doch die Nachfrage schon immer größer als der Ertrag. Aber es ging um einen großen Namen – und dafür ist man immer schon gern in den Krieg gezogen.

Zunächst jedoch ersuchte Tessieri um einen Termin beim französischen Branchenprimus und Chuao-Chefimporteur Valrhona, um dort artig nach ein paar Säcken Bohnen zu fragen. Comment? Wollte sich da vraiment ein italienischer Emporkömmling an einem französischen Nationalheiligtum vergreifen? Tessieri zufolge gab es zunächst einen höflichen Empfang, auf sein Begehr dann aber nur einen Satz, bevor die Tür zuschlug: »Die italienische Zunge ist nicht fein genug für diesen Kakao.«

Die Folge: Vendetta. Was sonst.

Tessieri trommelte seine ganze Familie und das Tafelsilber zusammen und begab sich auf direktem Weg nach Chuao, um der dortigen Bauernkooperative den dreifachen Preis für die exklusiven Rechte an ihren Bohnen zu bieten. Cash auf den Tisch – Vertrag in der Tasche. Seit 2004 gibt es nun von Tessieris Firma Amedei ein 50-Gramm-Täfelchen 70-prozentiger toskanischer Chuao-Veredlung, das für circa sieben Euro im Fachhandel ausliegt, jeden Preis der internationalen Gourmetwelt gewonnen hat und bis heute auf allen Foren und Messen, selbst französischen, als beste Schokolade der Welt durchgereicht wird. Und die gut 30 Jahre alleinregierende Edelschokoladenbastion Valrhona musste sich einen großen Zacken aus der Krone brechen. Dass der deutlich kleinere und ältere Familienbetrieb Bonnat, ebenfalls aus der Umgegend von Lyon, immer noch eine Tafel namens Chuao im Programm führt, ist eine nebulöse Randanekdote, die vor allem den bockigen Charakter von Stéphane Bonnat illustriert. Branchentratsch zufolge stammt der Kakao aus Nachbardörfern – wobei niemand mit Gewissheit sagen kann, ob dort, wo Cash auf den Tisch (neben Pistolen und Macheten) das einzige Gesetz ist, nicht doch ein Sack hier und da verschwindet bzw. mit anderem Material gefüllt wird. Dass beide Schokoladen eine gute fruchtkonservierende Arbeit darstellen, ist trotzdem nicht zu bestreiten, wobei mir Amedeis Variante – wie alles aus diesem Hause – etwas zu operettenhaft-süß daherkommt und schon durch die Verpackung parfümiert wirkt, während Bonnats konservativen, in Stanniol gewickelten 100-Gramm-Tafeln immer etwas Erdig-Kartoffeliges anhaftet. Allerdings kosten sie im Vergleich zu Amedei auch nur so viel wie Gemüse.

Die mit Beginn der Herbstsaison 2009 veröffentlichte dritte Chuao-Tafel von Domori macht diesen geografischen Distinktionskleinkrieg nun aber wahrscheinlich obsolet. Denn Franzoni behauptet frech, dass Chuao nicht die Herkunft, sondern eine definierte Subspezies von Criollo benennt und demzufolge auch 100 Kilometer weiter östlich – oder sonstwo – angebaut werden kann. Auch wenn es das Verhältnis zu Amedei gewiss nicht verbessert – sein dazugehöriges Schokoladenextrakt erstickt wie immer alle Fragen im Keim: 25 Gramm pflaumenrote Fruchtreduktion, mit der Industriehersteller eine halbe Tonne aromatisieren würden.

Soconusco

Die Pazifikküste von Chiapas, Xoconusco oder Soconusco genannt, ist als Mythos nochmals von anderem historischen Kaliber. Hier und nur hier war Criollo 1000 Jahre in voller kultivierter Pracht zu Hause. Der letzte und bekannteste Aztekenkönig wusste genau Bescheid – nur aus Soconusco hatte der Tribut an Montezuma II. zu stammen, alles andere wäre, als hätte man Tauben- statt Papageienfedern überreicht. Auch die Azteken, in deren Urland kein Kakao wuchs, waren nichts anderes als qualitätsbewusste Importeure. Die Spanier, nachdem sie durch Zucker auf den Geschmack gekommen waren, hielten diese Tradition aufrecht, doch im Zuge des durch europäische Epidemien und schikanöse Arbeitsbedingungen ausgelösten Massensterbens der dortigen Bevölkerung ging die Produktion immer weiter zurück.

Soconusco wurde immer mehr und bis zum heutigen Tage zum Müllplatz der Geschichte, chaotisch, verarmt, verwildert und mit marginalen Restbeständen in einer veränderten Vegetation. Anders gesagt: ein perfektes Gelände für Kakaoboys. Der prinzipiell erzkonservative, in Bezug auf gute Bohnen aber eifrig wettstreitende Familienbetrieb Bonnat ist seit 2008 der erste Produzent, der eine Schokolade dieser Region auf dem Markt hat. Im Aroma die typischen Beschränkungen der familiären Verarbeitungsphilosophie, zeigt die Tafel »Cacao Real de Xoconusco« trotzdem deutlich das riesige Potenzial dieses ebenso nussigen wie großaromatischen Kakaos, das hier zunächst auf kluge Bewirtschaftung und dann auf den verarbeitenden Masterplan wartet – um sich die vor 500 Jahren verlorene Krone zurückzuholen.

Karibik

> *»Der Verzehr von Schokolade ist auf diesen Inseln weit verbreitet. Ja, die Einwohner sprechen ihr, ebenso wie dem Brandy und dem Tabak, so regelmäßig zu, dass diese Dinge ihnen als Uhr und Maß erscheinen, so dass sie, wenn du sie fragst, um welche Uhrzeit sie irgendwo aufgebrochen und wann sie angekommen seien, zur Antwort geben: ›Ich bin um Punkt Brandy aufgebrochen und um Schokolade angekommen‹, was so viel wie acht Uhr bedeutet.«*
>
> JESUITENPATER JEAN BAPTISTE LABAT
> ÜBER DIE KAKAOPFLANZER AUF MARTINIQUE,
> DOMINIKA UND GRENADA, 1680

Die karibischen Inseln, diese einzigartigen Mischungen aus Urlaubs- und Kifferparadies und mehreren Schichten blutiger Erde, haben allesamt einen Kakaoanbau wechselhaftester Geschichte. Ähnlich wie ihre wechselnden Besitzverhältnisse, ihr Durchlauf an Sklaven, Piraten, Diktatoren, Mord und Totschlag wurden auch die Bestände durch Unwetter, Seuchen und Misswirtschaft immer wieder ausgelöscht und neu bepflanzt. Mit dem Ergebnis, dass die großen karibischen Inseln, die Dominikanische Republik (ohne ihren tragischen Nachbarn Haiti), Jamaika und Kuba plus Trinidad und Tobago mit reinem Criollo nichts mehr zu schaffen haben und allesamt mehr oder minder wirtschaftliche, trotzdem vielversprechende Anbaugebiete für guten Trinitario sind. Dabei ist die DomRep der Großproduzent unter den kleinen und erleichtert US-amerikanischen und europäischen Verwertern mit Bio- und Fair-Trade-Zertifikaten den wertsteigernden Handel. Jamaika erlebte mehrfach die Kakaoseuche, war aber dennoch eine Zeit lang wichtigster Exporteur ins englische Mutterland. Hier wird der Großteil der Bohnen in einer einzigen Fermentationsanlage behandelt, was den Kakao sehr berechenbar, dabei aber auch eigen und gut macht. Gut möglich, dass Psychologie eine Rolle spielt, doch ich schmecke in den wenigen hier erhältlichen Produkten aus jamaikanischem Kakao immer Kaffee, Rum und Reggae. Geschmacklich ähnlich, aber aufgrund ihres ganzheitlichen Ansatzes noch empfehlenswerter ist die Schokolade, die eine kleine hippieske Kommune direkt auf Grenada produziert. Und ohne Zweifel werden in baldiger Zukunft von jeder Insel eine oder mehrere Wellness-Urlaubs-Plantagen ihre eigene Premiumlage vermarkten.

Der »Rest« von Süd- und Mittelamerika

Angesichts der Größe von Ländern, die Deutschland mehrfach schlucken, erscheint die Klassifizierung einer Schokolade als »Peru« oder »Kolumbien« ähnlich grotesk, als würde man ausschließlich »Italien« auf die Weinflasche schreiben. Doch dies ist der derzeitige Stand der Dinge – genauer geht es offensichtlich nicht, es sei denn bei Produzenten wie Zotter und Original Beans, die den persönlichen Draht zum Bauern pflegen und entsprechend alles über ihren Kakao berichten können. Prinzipiell ist von Guatemala bis Peru guter Trinitario, teilweise sogar Criollo seit Jahrhunderten im Bestand und kann, entsprechende Pflege und Fermentation vorrausgesetzt, zu guten bis sehr guten Bohnen führen. Es muss nur jemand wollen.

Indonesien und Papua-Neuguinea

Die Karibik des Ostens, von den seefahrenden Kolonialmächten ähnlich rabiat umkämpft und malträtiert, ist ein Anbaugebiet von größten Qualitätsunterschieden. Laut der ICCO, der International Cocoa Organization, beträgt der Anteil an Qualitätskakao der indonesischen Produktion ein Prozent, der von Papua-Neuguinea immerhin 25 Prozent der Gesamternte. Am besten beleumundet ist der Kakao der Insel Java, genauer gesagt Ostjavas, wo der von Holländern angeschiffte Criollo und Trinitario sich offensichtlich noch gewisser Gesundheit erfreut. In Bezug auf Fermentation und Trockung verfährt man hier aber wie auch auf allen anderen Inseln sehr pragmatisch, so werden die Bohnen oftmals nicht nur gewaschen, sondern auch gerne mit Feuer und Rauch getrocknet.

Als Gegenpol zur lieblosen Massenproduktion entwickeln sich in den Wellnessenklaven, vor allem auf dem Edeltouristen-Inselchen Bali, kleine, von europäischen Auswanderern gehütete Privatplantagen, die in den kommenden Jahren gewiss noch von sich reden machen werden.

Frieden

Ob mit Waffen oder wirtschaftlichen Mitteln – zu allen Zeiten wurden Kriege um Kakao geführt, denn immer wurde er begehrt, zelebriert und vergöttert. Auch der schwedische Naturkartograph Carl von Linné, der die Pflanze 1735 aus freien Stücken als Theobroma, Götterspeise, bezeichnete, war offenkundig infiziert. Zu der Zeit war das »Göttliche« aber schon vom »Kakao der Armen« durchdrungen. Im gleichen Maße wie Kakao zum Massenartikel wurde, endete auch seine europäische Geschichte als dekadentes Heiligtum – je nach Land zeitversetzt mit der Macht von Klöstern und Adel. Wenn Criollo etwas nicht ist, dann billig oder protestantisch – das europäische Denken von Ernsthaftigkeit, Ratio, Leiden und Verzicht mit seinem Pantheon aus Aristoteles, Bach, Van Gogh, Adorno und knattertrockenem, skelettös-tanninigem Bordeaux ist dem König des Kakaos fremd. Er ist ein leichtfüßiger Narziss, den man im Elben- oder Wunderland verorten würde: frisches, blütendurchsetztes Gras, Mutters selbstgemachte Marmelade, helles Holz – das sind die Töne der Criollo-Welt, dazu gerade so viel Säuren und Bitterstoffe, dass das Bild nicht weichgezeichnet, sondern konturiert steht.

Es brauchte einen Italiener, um diese Qualitäten in Schokolade zu übersetzen. Denn wenn es im Sinne der europäischen Gemeinschaft eine Ausnahme gibt, dann ist dies sicher nicht die spanische Inquisition, sondern der verrückte Opernstaat. Gianluca Franzoni ist der vormals benannte andere Rebell, der zum Sturm auf das französische Monopol rief – doch tat er es mit einem Lächeln. Er ist der Cashmerepullover, der Gentleman und Poet der Kakaoboys, immer geschmeidig und garantiert verschwunden, wenn es mal rustikal wird. Seine Initiierung wurde im Zuge des verdienten Höhenflugs seiner Firma Domori vielfach kommuniziert: ein zweijähriger Aufenthalt in Venezuela, wo er der Sage nach »die Sprache der Bohne erlernte«. Auf jeden Fall fand Franzoni auf dieser Pilgerfahrt Mitte der 90er seine Hacienda, sein persönliches Burgund, seine Champagne, sein Piemont, wo Klima, Bestand und Generationen von gepflegtem europäischem Wissen alle fixen Ideen sofort produktiv machten. Nur gute Bohnen machen gute Schokolade – und hier waren sie, alle edlen Subspezies des Criollo, die nur noch sauber getrennt, kultiviert und der jeweiligen Charakteristik entsprechend fermentiert und getrocknet werden mussten, bevor er sie in Turin in seine spezielle Endveredlung einspeisen konnte. Doch dazu später.

Die Kakaoboys sind keine eingeschworene Gemeinschaft, im Gegenteil. Die meisten sind schlimme Eigenbrötler und insuläre Charaktere, fest überzeugt, im alleinigen Besitz der Wahrheit zu sein. Es braucht keine prophetische Gabe, um zu behaupten, dass sich die Geschichte von Chuao in Zukunft häufiger abspielen wird. Criollo ist keineswegs an eine Region gebunden. Wenn die genannten Voraussetzungen in Bezug auf Wasser und Temperatur stimmen, ist ein Ortswechsel – wie bei Trauben auch – jederzeit möglich.

Utopie I

Der einzige Faktor, der der sortenreinen Kultivierung von reinsten Criollo-Spezies in einer perfekt bewirtschafteten, von modernstem Slow-Food-Wissen und uralter Fermentationskunst geleiteten Großplantage an der brasilianischen Küste, in Peru, Indonesien, Madagaskar – ja selbst Westafrika – entgegensteht, ist Geld. Viel Geld. Denn nicht nur dass der Boden und die Umgegend in Bezug auf ungewünschte Kreuzungen mit der schlechten Nachbarschaft bereinigt werden muss, die Schattenbäume groß und zuverlässig bereitstehen und die Gefahr von Krankheitsbefall in den Griff zu kriegen ist: Das zarte Pflänzchen braucht auch noch mindestens vier, besser sechs Jahre, bevor es die paar Früchte hergibt, die ein solch antiautoritär erzogener kleiner Slow-Food-Prinz, Verzeihung, Gott, ebenso freiwillig produziert. Die dann von hochmotivierten, sprich fair bezahlten und mit europäischen Sozialleistungen versehenen Bauern geerntet und nach ihrer pulpenfreundlichen Spaltung der Größe nach sortiert in naturbelassene, mit immer frischen Blättern ausgekleidete Fermentationsgrotten abgelegt werden, wo sie die jeweils nötigen Tage lang himmlisch rotten, um dann nur in der frischen Morgen- und edlen Abendsonne ihre ebenso lange Wellnesstrocknung zu erfahren. Zahlen sind nicht mein Metier, doch ich würde schätzen, dass wir bei dieser Vorstellung jetzt schon bei 15 bis 20 Euro pro Kilo liegen – im Vergleich zu den ein bis maximal 2,50 Euro, die in der Realität gezahlt werden.

Dieses utopische Szenario ist nun ziemlich genau die Situation, in der sich die Kakaoproduktion bis Anfang des 19. Jahrhunderts befand. Den Sklaven wurde zwar gar nichts bezahlt, aber die Erträge in Lateinamerika waren schmal und der Verlust auf der segelnden Überfahrt absolut unwirtschaftlich, um mit dem Produkt größere Märkte zu erschließen. Was tun? Transport verkürzen, resistente, ertragreiche Sorten auf Masse anbauen und das neue Maschinenwissen anschmeißen. Und so geschah es: Im von Portugals Vorstoß nach São Tomé erschlossenen, deutlich näher gelegenen Westafrika und im Namen von Frankreich (Côte d'Ivoire), England (Ghana und Nigeria) und später Deutschland (Kamerun) und Belgien (Kongo).

Utopie II

Zurück in der Zukunft berechnen wir alle Transport- und Maschinenwege klimaneutral. Schwund und zweite Handlese bleiben unvermeidlich, Rösten und Verarbeiten erfolgen nur in penibel qualitätskontrollierten Chargen. Die Spezies ist deutlich zu erkennen, aber nicht an der Frucht, sondern nur an der aufgeschnittenen Bohne: Hellbraun bis weiß geädert ist Criollo, gelbbraun Trinitario, rötlich-dunkel Forastero. Und Criollo ist viel poriger, damit brüchiger – der Transport und jede Form von grober Behandlung tun ihm nicht gut.

Jetzt sind wir beim Großkundenpreis für Vanilleschoten, also etwa bei 50 Euro pro Kilo, mit Zucker gestreckt etwas weniger. Die folgenden Margen für Abtafelung, Konfektion, Verpackung, Lagerung und Vertrieb bringen uns auf gut 100 Euro, der Handel will 80 Prozent – und so begrüßen wir die sauberste aller denkbaren Edelschokoladen für mindestens 18 Euro als 100-Gramm-Tafel bzw. 5 Euro für 25 Gramm (kleine Formate kosten immer etwas mehr). Dem Preis von Domoris Chuao, die diesen Weg allerdings ohne Fair-Trade-Stempel und CO_2-Neutralität gegangen ist.

Original Beans

Im späten Frühjahr 2009 stellte sich eine neue Schokoladenmarke vor. Ähnlich wie ich immer schon alle begleitenden Informationen neuer Musik scanne, lese ich Schokolade heute auch quer – Ansprache, Name, Ästhetik, Fakten: Geht es um Kakao und wenn ja, wie genau? Original Beans ist die Art von Firma, wie sie gewiss, um nicht zu sagen – hoffentlich –, in der Zukunft häufi-

ger anzutreffen sein wird. Ein grenzübergreifender Zusammenschluss von coolem Wissen und globaldenkender Konsequenz,
Kalifornien und Amsterdam. In ihren Worten: »Gourmet-Küche
und Food-Marketing, Kleinbauernhilfe und Bohnenhandel, Na-
turschutz und ›Waldfinanzierung‹.« Es geht um Kakao und dies
mehr als genau. Auf ihrer Website begrüßen wir den Bauern persönlich, pflanzen pro Tafel einen Baum, dessen Wachstum wir on-
line nachvollziehen können, und bekommen dazu geschmeidiges
Material aus Schweizer Veredlung in die Hand. Was ich jedoch
beim ersten Querlesen nicht speicherte, weil ich am Preis hängen-
blieb: knapp 5 Euro für eine Tafel im Einkauf, also mindestens
notwendige 9 Euro im Verkauf. Für mich, den Händler, der aus
jahrelanger Erfahrung sofort daran denkt, wie es sich anfühlt,
dem Kunden eine schmale leichte Tüte für seriöses Geld zu über-
geben, ist das eine harte Nuss. Vier Tafeln Schokolade und zwei
Trüffel? 40 Euro, bitte. Gegen solch unwillkürliche Zuckungen
gibt Geschäftsführer Philipp Kauffmann nur einen Satz mit auf
den Weg. Es ist der gute alte Satz der Cree-Indianer vom nicht ess-
baren Geld, in heutiger Abwandlung: »Wenn du willst, dass deine
Kinder die gleiche Welt vorfinden, dann ist dies der Preis, den du
zahlen musst.«

Fair Trade

Wer Argumente sucht, findet sie leicht: Anekdoten von bürokra-
tischem Irrsinn und Fallbeispiele, wo der faire Dollar in Korrup-
tion versickert, statt Bauern ein besseres Leben zu ermöglichen,
werden medial genauso gerne ausgebreitet wie Auflistungen von
Hugo Chavez' Verfehlungen. Dass Fair Trade als Prinzip ohne
Alternative ist, wird dabei ebenso weggespült wie das Wissen da-

rum, dass »man« als Konsument ja ohnehin nicht in der Lage ist, selbsttätig die Welt zu verbessern. An der Praxis von Original Beans ist meiner Ansicht nach wenig zu verbessern (außer der Schokolade, aber darum geht es jetzt nicht). Nur direkter Handel führt zu Augenkontakt, nur Augenkontakt vermeidet Spekulation, Verdrängung und Krieg. Augenkontakt auf Augenhöhe. Jede feige, faule und vor allem dümmliche »Ich-bin-doch-auch-nur-ein-Opfer-der-Umstände«-Krittelei an dieser elementaren Wahrheit sollte mit humanitärer Zwangsverschickung in Ein-Dollar-Tageslohn-Gebiete nicht unter einem Jahr geahndet werden.

Was blüht (uns) in Ecuador?

Theorie und Praxis. Ist es verwerflich, als (ums Überleben ringender) Produzent den Weg des etwas geringeren Widerstands zu gehen? Von allen weltweiten Edelkakao-Anbaugebieten hat das knapp Deutschland-große Land zwischen Kolumbien und Peru die besten Vorraussetzungen: stabile politische Verhältnisse, eine enge Anbindung an US-europäische Wirtschaft und vor allem eine lange, gepflegte Anbautradition mit eigenen Pflanzen. Der ecuadorianische Kakao, einst geschmäht, hat sich in 400-jähriger Pflege und Aussortierung längst zu einem Sonderfall der Arten herausgeputzt – biologisch Forastero, also robust und ertragreich, aromatisch, aber weitaus feiner und differenzierter. Man ist ja schließlich nahe am Pazifik. Genannt »Arriba« oder »Nacional«, ist die Bohne der Stolz des Landes und ein echter Exportschlager. Nun ist aber auch dieser robuste Edelkakao nicht robust und ertragreich genug, um damit das ganz große Geschäft zu machen. Seit einigen Jahren ist Ecuador das Testfeld einer neuen Forastero-Züchtung namens CCN 51, die bei engster Bepflanzung trotzdem hohen Ertrag und vor allem besonders große Bohnen bringt. Dass diese nach Expertenmeinung schmecken wie eine Mischung aus Erde und Wasser, ist industriell zweitrangig. Man kann schließlich das gute Siegel »Ecuador« draufschreiben und hat damit den Grundstoff für Magnum Ecuador und zahllose andere Produkte, mit denen sich die Industrie qualitativ positioniert.

Auf der Seite des guten Geschmacks ist Ecuador aber vor allem das derzeitige Epizentrum einer anderen bedeutungsvollen Schokoladenrevolution: die der direkt vor Ort hergestellten High-End-Produkte. Mindestens drei genuin ecuadorianische Marken sind derzeit im europäischen Markt positioniert und was die Produkte des Vorzeigeunternehmens Pacari angeht, so sind diese mit fast jeder anderen hier vorgestellten Qualität auf Augenhöhe. Mehr Frische und Frucht ist derzeit kaum erhältlich – und dies auf Basis eines Kakaos, der trotz aller Bemühungen in Feinschmeckerzirkeln nur als zweite Wahl gilt. Diese Qualität ist der große Unterschied, der Ecuador heraushebt, denn die Kakaoverarbeitung vor Ort wurde hier keinesfalls erfunden. In Mexiko wird schon seit Beginn der industriellen Revolution aus eigenem Kakao Massenware für den eigenen Markt hergestellt, in Venezuela und Kolumbien versuchen sich zwei ähnlich aufgestellte Mittelständler seit ein paar Jahrzehnten mehr schlecht als recht an Premiumprodukten für den Export. In Ghana erstellt die Firma Omanhene Gutmenschprodukte für die USA und England. In Madagaskar und auf der kleinen Insel Granada sind vor kurzem enthusiastische Bioküchen entstanden. Und so geht es wunderbarerweise immer weiter – mit dem derzeitigen Höhepunkt des von Claudio Corallo auf São Tomé und Príncipe inszenierten Naturspektakels.

São Tomé & Príncipe

In ihren 500 Jahren als portugiesische Kolonie haben die kleinen Inseln im Golf von Guinea einiges mitgemacht. Als zentraler Umschlagplatz für den Sklavenhandel zwischen Afrika, Portugal, Brasilien und den karibischen Inseln, als Endstation von der Inquisition ausgewiesener portugiesischer Juden und Strafgefangener waren sie das Mos Eisley der Kolonialzeit und der Beginn Westafrikas als Kakaoanbaugebiet Nummer eins. Es war der portugiesische König Johann VI., der 1819 anordnete, den Kakao seiner unsicher gewordenen (und wenige Jahre später verlorenen) Kolonie Brasilien ins ruhigere São Tomé zu verfrachten – mit dem Ergebnis, dass der kleine Inselstaat um 1900, also zu Beginn der industriellen Tragödie, der größte Kakaoproduzent der Welt war.

Ein Jahrhundert später liegen immer noch über 90 Prozent der Wirtschaftsleistung des bitterarmen Landes im Kakao (das kleinste Bruttosozialprodukt der Welt, pro Kopf im Jahre 2003 gerade mal 283 Euro). Ob die anstehenden Ölbohrungen vor der Küste die Situation für die Einwohner verbessern werden, ist fraglich. Was die Qualität des Kakaos angeht, so gibt es trotz des Inselstatus auch wenig Positives zu bemerken. Schon im Ursprung brasilianischer Forastero wurde im Zuge der Quantitäsbestrebungen immer weiter auf Ertrag gezüchtet und mit modernen Hybriden bepflanzt.

Das deutlich kleinere Príncipe wurde dabei aber vergessen. Und hier fand Claudio Corallo, ein gebürtiger Florentiner mit jahrzehntelanger Erfahrung als Kaffeepflanzer den Kakao, nach dem er gesucht hatte – die direkten Abkömmlinge der ersten nach Afrika verschifften Pflanzen, die sich dank Affen erhalten hatten: »Angezogen von den besten Kakaopflanzen durch deren Geruch, knacken Affen die Frucht, fressen die Pulpe und spucken die Samen wieder aus«, beschreibt Corallo die Bewahrung der wertvollen Pflanze.

Den jahrelangen Aufwand, den Corallo zuvor im Kongo mit Kaffee betrieben hatte, musste er hier wiederholen. Dabei hatte es ihm ein elementarer Verarbeitungsschritt besonders angetan: »Alle Fermentationen, die ich gesehen habe, eliminieren das Aroma. Über Jahre von Versuchen haben wir einen natürlichen Prozess entwickelt, wo wir von einem Aroma zum nächsten kommen – genau was wir wollten.«

Kompost

Trotz der Liebe zum Ozean: Die idyllische Illusion einer sonnigen Kakaoplantage als entspanntem Bacardi-Feeling ist falsch. Das Gegenteil ist richtig. Kakao braucht feuchten Schatten, auch wegen der Mücken, die ihn befruchten. Die finale Hölle aber ist die kollektive Tötung der dem Fruchtfleisch entnommenen Samen, genannt Fermentation. Hierzu werden die schleimbedeckten, noch höchst lebendigen Bohnen in Kisten, Bottiche oder Gruben gelegt und zugedeckt. Das weiße, zuckerhaltige Fruchtfleisch oder »Pulpe« beginnt daraufhin sofort zu gären und entwickelt – in ohnehin feuchtwarmer Umgebung – die gemütliche Temperatur von etwa 50 °C und Gerüche, die nichts mit einer französischen Confiserie zu tun haben. Die beginnende Keimung der Samen wird durch den in der Gärung entstehenden Alkohol gestoppt, der dann zu Essigsäure oxidiert, die das Pflanzenmaterial zersetzt und Aromastoffe befreit. Entscheidend ist, dass die Bohnen kurz aufkeimen, um dann durch die Temperaturen und den hohen Säuregehalt abzusterben. Damit werden die Zellwände zerstört und der Zellsaft kann sich in der ganzen Bohne ausbreiten.

Hier nun ist der vielleicht wichtigste, ganz sicher aber unattraktivste Arbeitsplatz in Sachen Kakao: inmitten von Insekten und dampfenden, stinkenden Bohnen den Gärungsprozess eventuell mit Hefen zu steuern, viel Geduld zu haben und präzise zu wissen, wann es endlich genug ist.

Der einzige unerschrockene Kakaoboy, der sich hier persönlich hineinwagt, ist Claudio Corallo, der später noch zu Wort kommen wird. Um dem natürlich limitierten Forastero seiner Heimat alles abzugewinnen, lässt Corallo die Bohnen deutlich länger gären und erzeugt damit ein unerhört erdiges Material, dass nur noch rudimentär vermahlen wird, um seine moosigpilzigen Aromen ja nicht zu verlieren. Die beste Schokolade der Welt, wie er behauptet, ist damit trotz Aufwand wegen des verwendeten Kakaos nicht möglich. Sollte es den ökologischen Perfektionisten allerdings nach Soconusco verschlagen, würde ich das Jahre später zu erwartende Ergebnis jetzt schon als Krönung der Schöpfung preisen. Solange gibt es einen Ehrenplatz für kompromisslosen Einsatz. Und sei es nur, weil er den Komposthaufen, in dem Kakao zum Leben erweckt wird, in der Genusswelt zum Thema gemacht hat.

Der Sturm auf die Industrie-Bastille

Es ist wichtig und gesund, Feindbilder zu haben. Auch wenn Ost-West nicht mehr taugt, Bush Geschichte ist und selbst Bill Gates als Gutmensch reüssiert, bleibt genug. Mit zunehmendem Wissen wird es differenzierter, müssen wirtschaftliche und soziale Zusammenhänge im geschichtlichen Kontext rational bewertet werden.

Michael Franti, rastabelockter Afroamerikaner Jahrgang 1966, ist als Popmusiker ein Feindbildbenenner der alten Schule. Mit seinem zweitem Projekt, den »Disposable Heroes of HipHoprisy« schuf er 1992 eine Agit-Hop-Platte, die ähnlich wie die zeitgleich debütierenden »Rage Against The Machine« auf jeder politisierten Party zum guten Ton gehörte. Mit seiner sonoren Stimme und industriellen Beats wurden Frauen und Kerle gleichermaßen bedient, zu »Television, The Drug Of A Nation« konnten Zeit und Szene angemessen hart und entschlossen getanzt werden.

Dann wurde Franti weich, zog sich die Schuhe aus, zeugte Kinder und gründete eine Familien-Soul-Band namens Spearhead. Deren »Chocolate Supa Highway« benanntes zweites Album ist ein rundum gutmenschlicher Ansatz mit Anspielung auf seine Hautfarbe und kein mehrdeutiger Kommentar zur Schokoladenindustrie – so schmutzig das Geschäft der Global Player im Lebensmittelsektor auch ist. Die wichtige und begrüßenswerte Praxis, dort konkreten Dreck auszugraben, will ich hier aber nicht leisten. Ein kurzer Blick auf den »Supa Highway« soll genügen.

Zahlen

Knapp 50 Millionen Menschen leben weltweit davon, drei Millionen Tonnen Kakaobohnen zu ernten – ein Ertrag, der seit 1900 jedes Jahr um drei Prozent angestiegen ist. Der Preis für Rohkakao – das sind die per Hand geernteten, per Hand aufgeschlagenen und per Hand aus der Pulpe entnommenen Bohnen, die zudem noch fermentiert und getrocknet werden müssen – schwankt zwischen 1,5 und 2,5 Dollar für das Kilo, der durchschnittliche Bauer verdient am Tag unwesentlich mehr.

Die sechs größten Konzerne erzielten im Jahr 2005 mit irgendwie kakaohaltigen Süßwaren einen Umsatz von knapp 40 Milliarden Dollar, so viel wie das Bruttosozialprodukt von Kuba. In absteigender Reihenfolge sind es Mars Inc (9,5), Cadbury Schweppes (8,1), Nestlé (7,9), Ferrero (5,6), Hershey Foods (4,9) und Kraft Foods (2,2). Vergleichsweise klein, obgleich immer noch riesig: Lindt & Sprüngli (1,7) und Barry Callebaut (1,4) – der weltgrößte reine Kakaoverarbeitungskonzern.

In Deutschland wurden im Jahr 2009 circa eine Million Tonnen Schokolade hergestellt – in 100-Gramm-Tafeln ausgedrückt: zehn Milliarden. 93 Prozent des dazugehörigen Kakaos stammen aus Westafrika, von den restlichen 7 Prozent ist mehr als die Hälfte aus Ecuador, wo, wie schon ausgeführt, zwar mehrheitlich guter Kakao, aber trotzdem fast nur Forastero wächst. Venezuela, Kolumbien, Peru, Mexiko, die gesamte Karibik, ja selbst São Tomé, Madagaskar und Indonesien (was zwar im Weltmaßstab das zweitgrößte Anbaugebiet ist, aber andere Regionen bedient) teilen sich hierzulande ein winziges Nischlein. Übersetzen wir diese Situation in Musik, haben wir 93 Prozent DJ Bobo, DSDS, The Dome, Kastelruther Spatzen, Operettenstadl und Grand Prix d'Eurovision. Den Rest teilt sich der Rest.

Techno

»*Der Detroiter Techno Sound ist zwar die am linearsten komponierte Musikart, die es jemals gab, bar jeder menschlichen Musikalität in ihrer Durchführung, trotzdem ist Detroit Techno von Schweiß, Sex und Sehnsucht geschwängert. Die Produzenten müssen nur ein paar Knöpfe drücken und heraus kommt eine Million Jahre voller Schmerz und Lust. Mit großer Vorfreude erwarten wir den Tag, an dem es jemand wagen wird, eine Dance-Platte zu machen, die aus nichts anderem als einer elektronisch programmierten Bass-Drum besteht und die acht Minuten lang monoton im Vierteltakt schlägt. Bringt dann jemand anders eine Platte mit genau demselben Bass-Drum-Sound und mit den gleichen Beats per Minute heraus, können wir genau bestimmen, welche besser ist, welche die Tanzfläche schneller belebt, welche am meisten Sex und Soul hat. Ohne Zweifel wird eine besser sein als die andere.*«

BILL DRUMMOND & JIMMY CAUTY,

DAS HANDBUCH, 1988

Was Bill Drummond – einer der bemerkenswertesten Künstler der letzten 30 Jahre – hier schreibt, lässt sich in vielerlei Weise auf Schokolade übertragen. Leider. Selbst wenn es der gleiche »Produzent« ist, der eine identische Masse einmal etwas dünner, einmal etwas dicker abtafelt, wird das Ergebnis signifikante Unterschiede aufweisen. Ganz abgesehen vom Wetter, der Tageszeit, der Stimmung und all jenen Faktoren, die den Konsum von Schokolade, der ja gemeinhin nicht kollektiv im Club erfolgt, zu einer höchst individuellen Sache machen. Dies ist das Pfund der

Industrie und vor allem jedes kleinen Schokoladen-Handwerkers, der allein mit seiner Präsenz, seiner Handschrift und einer Temperiermaschine industriellen Standardkuvertüren individuelle Noten verleihen kann, vor allem, wenn sie am Herstellungsort genossen werden. Es ist wie bei jeder erst von Stimmung, dann von Mythen überfrachteten Urlaubsentdeckung, wo man den besten Wein getrunken, die beste Pasta gegessen und überhaupt einzigartige Dinge erfahren hat: Im von auratischen Erlebnissen abstrahierten Revival daheim bleibt wenig, besonders im Vergleich. Luxus, wie ich ihn meine, entsteht aber sicher nicht durch ein Stück Pizza, das in Rangun und Montevideo irgendwie anders schmeckt, sondern durch die Möglichkeit, daheim auf Reisen zu gehen – mit aus unterschiedlichsten Kakaobohnen gewonnenen Schokoladen und einer gut bestückten Musikbibliothek.

Was nun »Techno« angeht (statt Detroit könnte hier auch Berlin stehen), so schwingt in Drummonds 1988 geschriebenem Text die Euphorie der Gründerjahre mit, die es genauso zu Recht 100 Jahre zuvor im Bereich der industriellen Schokoladenherstellung auch gab. Dass »eine Million Jahre voller Schmerz und Lust« – die dem Kakao ohne Frage auch innewohnen – »auf Knopfdruck« erzeugbar sind, ist in der Musik immer noch denkbar, keinesfalls aber bei der Erzeugung von Schokolade. Wie die solchem Denken folgende und bis heute anhaltende Kastration des geschmacklichen Potenzials von Kakao erscheint mir die Vorstellung von massenkompatiblem Techno als einziger Musikrichtung (trotz der selbst darin möglichen Distinktion) so attraktiv wie Orwells *1984* – eine graue, gleichgeschaltete Welt mit – wenn überhaupt – zentralistisch vorgegebenen Vergnügungen.

Hirnwäsche

Selbst in den finstersten Jahren der Kuh-Diktatur war es nun nicht so, dass die Existenz von Kakaobohnen völlig verschwiegen wurde. Ob in Stollwercks Kölner Schokoladenmuseum (mittlerweile unter der Flagge von Lindt), auf Schulkarten oder in Kinderbüchern von Wimmelbild-Meister Ali Mitgusch konnte man auch in den 70ern und 80ern nachsehen und lesen, wie Schokolade gemacht wird. Von der Frucht, der Ernte, der Fermentation (stinkig, unheimlich und damit im Kinderbuch ausgelassen), der Trocknung, der Verschiffung in Säcken (schick, bunt und damit für Kinder ganz wichtig) bis zu der Mär, nach dem Rösten werde immer gepresst und es entstehe das bekannte Kakaopulver. Die Kakaobutter verschwindet und taucht als »gute Butter« wieder auf, die man zusammen mit Zucker in den großen Rührkessel wirft, aus dem es dann lecker dick und braun in die Tafeln läuft. Aus Sicht der Kuh kommt nun noch das unzerstörbarste Symbol sauberer Gesundheit ins Spiel – der zum Fluss geneigte bäuerliche Milchpott – und macht aus dem aufregenden, aber immer noch undefinierbaren Gewürz endlich das Ziel aller Wünsche: Schokolade, lecker und gut wie Milch, süß wie Zucker und mit dem geheimnisvollen lila Extra.

Pulver

Zu den guten Dingen, die Alter und Kinder mit sich bringen, gehört Geschichtsbewusstsein – vor allem, wenn man Jahrzehnte damit verschwendet hat, jedes Gesetz für ausgedacht und per se unnütz zu erklären. Was aber die in Stein gemeißelte Erfinderriege der Schokoladenindustrie angeht, so stürme ich bis heute gerne die Bastille. Die vielfach als Schöpfungsgeschichte kolportierte, auf 1828 zurückgehende Errungenschaft von Coenraad Van Houten, der Bohne unter massivem Druck das Fett abzupressen, erscheint mir als unnütze Quälerei, ganz zu schweigen von der Beimischung von Natriumcarbonat unter die »Kuchen« genannte Trockenmasse, um die Rieselfähigkeit zu verbessern – und vermeintlich auch Farbe und Geschmack (bezeichnet mit dem meine väterliche Linie kompromittierenden Wort »Dutching«). Das Tiramisu & Cappuccino-Gewerbe sieht das gewiss anders, doch für den Geschmack muss die Bohne ebenso ganz bleiben, wie auch Milch oder Fleisch nicht grundlos entfettet werden sollten. Und zwar bis zur Röstung.

Was Kakaopulver als vermeintliche Notwendigkeit zum Erzeugen eines Getränks angeht – ein paar Stücke Schokolade in heißem Wasser oder Milch aufzulösen, sollte niemanden vor unlösbare Probleme stellen. Es dauert deutlich länger, aber das Ziel ist auch gar kein Getränk – obwohl es der kirchliche Disput vor 400 Jahren so zurechtbog, um das Fasten damit nicht zu brechen. Es ist, wenn richtig gemacht, das Bindeglied zwischen Trinken und Essen, so dick wie eine gute Kartoffelsuppe. Auf 0,7 Liter hochgerechnet kostet eine solche Flüssigspeise so viel wie ein passabler Wein, denn wir brauchen wenigstens 300 Gramm gute Schokolade, also gut 9 Euro. Dafür gibt es, wie nach dem Besuch eines guten Wein-Dealers, die Gewissheit, dass der Geschmack den Aufwand lohnt. Wozu also Kakaopulver?

Butter

Ohne das andere Trennprodukt, das unter Druck abfließende Fett, wäre allerdings nicht nur die Schokoladenwelt nachhaltig erschüttert: Als Erstes würde jede »Weiße«, die ihre Zugehörigkeit zur Welt der Schokolade nur der Kakaobutter verdankt, verschwinden. Dann müssten sich die gesamte Industrie plus Confiserie, Patisserie und Konditorei fundamental umstellen. Denn ohne Kakaobutter kein leichter Fluss. Die geschmeidige Verwertbarkeit von Schokolade durch die dünnsten Düsen und feinsten Spritztüten wäre hinfällig, wenn der so genannten Masse – also dem Brei aus nichts als Kakaobohne – keine weitere Kakaobutter hinzugefügt würde (Lezithin allein reicht nicht).

Hier ist der wesentliche Grund dafür, dass die wenigen Produkte aus reiner Masse und Zucker so teuer sind: Das hieraus temperierte Ergebnis ist nicht geschmeidig wie die Suppe, die aus den omnipräsenten Schokoladenbrunnen plätschert, sondern hat die sperrige Konsistenz von Nutella. Passt durch kein handelsübliches Abtafelungsröhrchen und muss also per Hand in die Form gedrückt werden.

Eine Welt ohne Kakaobutter: Osterhasen, Riegel, Bärchen, »Der lieben Tante Gertrud zum 75.«-Schriftzug auf der Sachertorte – alles nicht mehr möglich. Ganz zu schweigen von tausend Produkten der Kosmetik. Kakaobutter ist das Rundumglücklich-Wunderfett, schmilzt knapp unterhalb von Körpertemperatur und wird auf Knopfdruck bzw. bei Zimmertemperatur wieder fest, ist ewig haltbar, schmeckt nach nichts, hat positive gesundheitliche Eigenschaften, kann auch der minderwertigsten, halb vergammelten Bohne noch entzogen werden und ist Bestandteil des offiziellen Gesamtkakaogehaltes einer Schokolade. Ob eine 80-prozentige Chuao-Schokolade zu 80 Prozent aus eben jener ganzen Bohne besteht oder nur zu 10 Prozent – plus 70 Prozent zugefügter westafrikanischer Kakaobutter –, muss auf der ganzen Welt niemand deklarieren. Und tut es auch nicht. Und das gilt ausnahmsweise nicht nur für die Industrie, sondern auch für die Manufakturen, die alles, was der Konsument haben will, vor allem aber Pralinen und alle überzogenen Produkte vor dem Hintergrund schweißtreibenster Drück- und Pressarbeit nicht mehr herstellen könnten bzw. ganz anders preisen müssten.

Deswegen empfehle ich den Genuss von Schokolade, in deren Deklaration das Wort Kakaobutter nicht vorkommt (und wenn, dann in der Reihenfolge so weit hinten wie möglich – denn hier zumindest gibt es ein Gesetz, welches zur Abbildung des prozentualen Anteils verpflichtet). Das Argument, ohne zusätzliche Kakaobutter wäre kein Schmelz möglich, ist schlicht und einfach falsch. Die Bohne besteht zu mehr als 50 Prozent aus Fett. Mit einem angemessen hohen Anteil ganzer Bohnen gibt es, wie zwei Linien des Hauses Domori und unsere eigenen Versuchsreihen eindrucksvoll belegen, absolut grandiosen Schmelz. Das wichtigste aber ist: Geschmack. Was an der Bohne schmeckt, ist der so genannte »feste« Bestandteil. Je höher dieser, desto mehr Geschmack hat das Produkt – bis zum vollen Anteil der Bohne (die natürlich nicht gepresst, also entfettet sein darf).

Doch eine 150-jährige Kakaobutter-Tradition ist so schnell nicht zu brechen. Die Disziplinierung der Masse begann mit dem revolutionären Pulver, dem zunächst Wasser hinzugefügt wurde. Dass daraus nichts Gutes entstehen kann, weiß heute jedes Kind, damals musste die englische Quäkerfamilie Fry erst das Trennprodukt Kakaobutter aus der Mülltonne holen und seinem getrennten Ursprung zurückgeben. Und siehe: Plötzlich lief alles wie geschmiert. Seit dem Jahr 1848, in dem sich auch eine andere folgenreiche Revolution vollzog, wurde Kakaobutter über Nacht vom Abfall zum heißbegehrten Multischmiermittel und entsprechend teuer – woran sich bis heute nichts geändert hat. Auch dank der Göttin Kosmetik. Denn als fettiger Träger, der dem Körper gut tut, getrennt fest bleibt und angewandt schmilzt, ist Kakaobutter in jeder menschlichen Anwendung in ihrem Element.

Masse

Vor allem die so genannten »Abtafler«, all jene unzähligen Unternehmen, die nur den letzten technischen Schritt zum Verkaufsprodukt machen, neigen dazu, eingekaufte Kuvertüren, also gebrauchsfertige Mischformen aus Bohne, Butter, Zucker und Bindemitteln, auch gerne als Massen zu bezeichnen, um ihre Wertschöpfung rhetorisch zu vergrößern. Ebenso gern wird in der Industrie jede Schokolade, der noch der allerletzte Schliff in Sachen Feinheit fehlt, Masse genannt. Und sei es nur, weil sie noch nicht temperiert wurde und in harter Form noch grau und spröde anmutet. In einer im Sinne der Bohne sauber definierten Welt ist die Sache aber völlig klar: Nur wie auch immer zermahlene ganze Kakaobohnen haben Masse zu heißen – und sonst nichts. Zur Vermeidung von Missverständnissen benennen einige Qualitätshersteller ihre Massen mittlerweile mit deren Ursprung – als Bohnen.

Hitze, Druck und Luft

Dutzende von Büchern, eine große mächtige Industrie mit zehntausenden gut- und hunderttausenden schlechtbezahlten Arbeitsplätzen sowie die gesamte Schweiz preisen (mehr oder weniger) jeden Tag aufs Neue den ehrgeizigen Apotheker Nestlé, seinen Verarbeitungspartner Peter und Schmelz-Guru Lindt für die als Milchschokolade bekannte Vorraussetzung ihrer Weltherrschaft. Ich muss es also nicht. Die Schokoladenindustrie gehört zu den frühesten vollentwickelten Industrien, wo noch vor Henri Ford unter Volldampf Quantität erzeugt wurde. In Deutschland war es vor allem der Kölner Ingenieur Heinrich Stollwerck, der sich 1873 ein Walzenwerk patentieren ließ, in dem er die mit Pulver und Zucker vermischte Masse über fünf übereinanderliegende und immer enger mahlende Granitwalzen führte. Damit konnte die längst gut produzierende Stollwerck-Fabrik dem teils »natürlichen«, teils suggerierten Verlangen nach feiner, schmelzender Schokolade noch effektiver nachkommen. Wie stabil, um nicht zu sagen erzkonservativ, dieses Angebot-Nachfrage-Verhältnis ist, lässt sich daran ablesen, dass die Fünf-Walze immer noch fester Bestandteil fast aller Industriebetriebe und Mittelständler ist (nur dass statt Granit Stahl eingesetzt wird und man die Geschwindigkeit der Walzen variabel einstellen kann).

Meine Kritik an der Verfahrensweise der Industrie ist vielfältiger Natur, hat aber einen entscheidenden Haken: Fast alle Veränderungen machen das Endprodukt teurer. Selbst wenn man die Sache nicht so fundamental zu Ende denkt wie die Gründer von »Original Beans« – also den Kakaobauern keine fairen Löhne zuspricht und Transport, Produktion und Verpackung nicht klimaneutral berechnet, gibt es genügend Aspekte von Sorgfalt und Auslese, die dramatische Auswirkungen auf die Kalkulation hätten.

Auch die auf keinem Goldhasen verzeichnete Praxis, die Tonnen von Bohnen in den weltweiten Lagerhallen so lange warten zu lassen, bis Spekulation den Kakaopreis an der Börse tief genug fallen lässt, gehört zur Preispolitik globalisierter Schokoladenerzeugung. Wird der Rohstoff dabei besser, wie es die Mär der Jahrgangsschokolade behauptet? Im Gegenteil, er verliert täglich an Aroma und beginnt irgendwann zu schimmeln. Was dann letztlich in die großen Öfen hineinläuft, hat mit den schicken hellbraunen Bohnen aus dem Werbeprospekt nichts mehr zu tun.

Wer guten Wein erzeugen will, sollte schlechte Trauben aussortieren. Das kostet Arbeit, also Geld. Um die nicht sortierten und größtenteils unansehnlichen Bohnen in ein Lebensmittel zu verwandeln, wird alles abgetötet, was eventuell gesundheits-gefährdend oder einfach von schlechtem Geschmack sein könnte. Gegen Dreck – wer könnte am Existenzminimum vegetierenden Bauern verdenken, dass sie alles, was auf der Erde liegt, mit in den Sack schaufeln? –, Schimmel und Keime hilft Wasserdampf und starke Röstung. Damit hat der Kakaobruch am Ende dieses Pro-zesses schon einen Großteil seiner eventuell noch vorhandenen aromatischen Qualität verloren. Die ursprünglich großen Unter-schiede zwischen Peru und Java auf der einen und Elfenbeinküste und Nigeria auf der anderen Seite sind kaum noch zu riechen. Nun beginnt die eigentliche Qualität der Industrie – aus dieser bitteren, mit vielen unangenehmen Aromen versehenen »Roh-ware« etwas Publikumsnah-Populäres zu erzeugen. Dafür wird gerührt, gemischt, gewalzt – und vor allem bei jedem Schritt »ent-lüftet«. Zum Beispiel in der Fünf-Walze. Vor allem aber ist es die große Stunde der »Conche« – dieser legendären Lindt-Erfindung, die im Original nichts anderes ist, als eine maschinelle Umset-zung des Metate-Steins der Maya. Über stunden- und tagelanges Hin- und Herreiben wird die mit allen Zutaten fertig gemischte Schokolade immer weiter verfeinert, wobei »die unerwünschten Aromen« entweichen. Offiziell geht es dabei um Säuren, die aber in der industriellen Praxis kaum vorkommen, hat doch der gemei-ne Forastero kaum Säure, sondern nur Bitterstoffe bzw., wie eben aufgezeigt, vor und nach seiner Sterilisation und Überröstung noch einige andere Aromen, die tatsächlich besser verschwinden.

Bei den im Zuge des neuen Herkunftsbewusstseins auch in diese Verarbeitungswege eingespeisten Edelkakaos sieht es kaum anders aus. Auch hier wird geschoben, im Preis gedrückt und dem Sicherheitsdenken entsprechend sterilisiert und überröstet. Was dann noch an Frucht (ganz zu schweigen von den feinen, flüchtigen Kräuter- und Blütenaromen) vorhanden ist, verliert sich in der Conche. Ohne streckende Kakaobutter und viel Zucker bzw. Milchpulver und Aromen wäre jede so erzeugte Masse schlichtweg unverkäuflich.

Arbeit

> »Kakao ist ein lebendiges Produkt, das Wissen und Aufmerksamkeit einfordert und dich daran erinnert, in dem es jeden noch so kleinen Moment der Ablenkung bestraft. An jedem der verschiedenen Punkte der Verfeinerung verändern sich der Geschmack und die Intensität auf nichtlineare Weise, mit beständigen und unterschiedlichsten Sensationen.«
>
> CLAUDIO CORALLO

Den Königsweg zur guten Schokolade gibt es nicht. Dafür aber Arbeit und noch mehr Arbeit. Die beginnt dabei, die Bohnen vor Ort nach Spezies getrennt sauber zu fermentieren, sanft und natürlich zu trocknen und auf dem gesamten Weg immer wieder aschenbrödelesk nach gut und schlecht zu sortieren. Derart doppelt kontrollierte Bohnen müssen nicht sterilisiert und sollten nur sanft und mit erfahrener Nase geröstet werden. Wenn dieser unbedingt notwendige Parcours eingehalten werden würde, würde das die gesamte Industrie sprengen – oder zumindest komplett neu aufstellen. Dafür hätte man selbst aus schlichtem Forastero alles herausgeholt und könnte nun guten Gewissens die Großanlagen anschmeißen – ohne die Qualitäten wieder zu vermischen. Eine ganze, von A wie Anbau bis Z wie Zermahlung wohlbehandelte Bohne ist zu allem bereit. Wer es extra fein und mild, also völlig ohne Bitterstoffe und Säuren mag, fährt tagelang die Conche –

klein oder groß spielt keine Rolle. Wer Aroma liebt, presst den Stoff ein paar Stunden durch Technomühlen und lässt möglichst wenig entweichen. So kann die Spannbreite der qualitätsbewussten kleinen und mittleren Hersteller charakterisiert werden, die den Aufwand betreiben, Bohnen selbst zu importieren, zu rösten und zu mahlen.

Zugabe: Chili

Wer in der Firma Lindt die Entscheidung traf, die 99-prozentige Tafel auf den Markt zu bringen, verdient auf jeden Fall Respekt. Denn es gehört schon einiges an Mut, um nicht zu sagen Selbstüberschätzung dazu, eine auf industriellem Wege erzeugte Masse derart schutzlos zu präsentieren.

Was unterschiedliche Geschmäcker angeht, bin ich diesbezüglich ebenso erfahren wie in Bezug auf das Thema Zutaten gelinde frustriert. Denn alles über Kakao Gesagte und theoretisch Verstandene wird nebensächlich, wenn eine vermeintlich signifikante Zutat hinzukommt. Egal, ob gerade über fruchtigen Trinitario, Selektion und kurze Conche gesprochen wurde – wenn Minze dabei ist, ist es eine Minzschokolade, in direkter Nachbarschaft zu After Eight oder anderen Minzprodukten, die mit Kakaoqualität nichts zu tun haben. Dass die gut behandelte Minze wie viele andere Zutaten auch mit guter Schokolade wunderbare Kombinationen eingehen kann, wird im nächsten Kapitel ausgeführt.

Der Superstar dieser Disziplin ist Chili – eine der interessantesten Zutaten der Schokolade und gleichzeitig geschmackspolitisch einer der fatalsten »Trends« der letzten Jahre, erweckt doch schon ein Milligramm Feuer einen verkochten Eintopf wieder zum Leben. Ein Fest für die Industrie: Ob Hamburger oder Müllermilch – die heiße Schote schoss in den letzten Jahres durch jeden Dreck. Gepriesen sei, wem es gelang, in diesem Sperrfeuer den Blick dafür zu bewahren, dass es sich dabei um eine der Ur-zutaten von Kakao handelt, die in kulinarisch versierter Dosierung seiner hundert Sorten der Götterspeise wärmstens verbunden ist. Die Mathematik, nach der minus mal minus Plus ergibt, gilt üb-rigens nicht im Geschmack, nur im Umsatz. Dazu ist das feurige Rot zu attraktiv, der gemeine Gaumen zu abgeschlafft und im gro-ßen Ganzen zu wenig Chance zu Genuss, ob nun wegen prekären Finanzen, Dummheit oder fataler Hektik.

Lezithin

Dass in laufenden Revolutionswirren viele Bäder samt Kindern drin ausgeschüttet werden, wissen Franzosen am besten. Die fett-ähnliche Substanz Lezithin, gemeinhin aus der Haut der Soja-bohne gewonnen, wurde von dem französischen Pharmazeuten Nicolas-Theodore Gobley (1811–1876) entdeckt, dem auch die zweifelhafte Errungenschaft zukommt, Vanillin isoliert zu haben. (Sein langjähriger Mentor Pierre-Jean Robiquet [1780–1840] hatte immerhin die Entdeckung von Nikotin, Koffein und Kodein zu verantworten.) Es geht um ein Grundproblem von Küche und Kosmetik, die Verbindung von Fett und Wasser. Nach Gobley war der Emulgator (zunächst aus Ei gewonnen) geschaffen und die Tatsache, dass selbst die vermeintlich trockene Bohne noch gut fünf Prozent Wasser enthält, schrie nach Anwendung, vor allem in jenen Mischprodukten, in denen der Anteil der guten Butter vorher durch Pressung verringert wurde.

Aus dem Wunsch nach einer sauberen Rezeptur ist jede Anti-pathie gegen diesen zumeist in Bruchteilen eines Prozents zugesetzten Stoff verständlich. Es muss noch nicht mal genetisch modifiziertes Material sein. »Soja« als Synonym für Urwaldkahlschlag (und damit auch Vernichtung der Kakaoanbau-Bedingungen) reicht völlig aus. Bei einer geschmacks- und gesundheitspolitischen Analyse kommt man aber zu ganz anderen, neutralen bis positiven Ergebnissen. Bleibt also wieder nur die Notwendigkeit des genauen Blicks: Wer sein Lezithin aus Nachbars nachhaltigem Anbau bezieht (Sonnenblumen sind auch möglich), darf damit gerne dem Schmelz nachhelfen – alles andere ist verboten.

Markt

Als Betreiber eines wie auch immer kleinen Ladens, der aber Marktgesetze sprengt, war ich von Anfang an unter Beobachtung, gingen und gehen doch bei mir nicht das gutsituierte Frührentner-Publikum ein und aus, sondern die Nachbarschaft vom Studenten über das Hartz-4-Medien-Prekariat bis zum Art Director, dazu Touristen aller Couleur. Seit wann kauft also Thomas Normalverbraucher für den Eigenbedarf eine Tafel für drei und mehr Euro? Und dies zudem nicht in der feinen Confiserie auf Sylt, sondern im teilsanierten Umfeld von bedruckten T-Shirts, Secondhand-Möbeln, Bioläden und Coffee-Shops? Insofern trage ich gewiss eine Mitschuld daran, dass Marketing sich den Schokoladensektor noch mal ganz neu vorgenommen hat, Herkunftsbezeichnungen, neue Konfektionsgrößen, Design und abgefahrene Zutaten das Thema der Zeit sind und diverse zwischen »Amelie«, »Grand Cru« und Lounge aufgehängte Franchise-Konzepte die Republik bepflastern. So hatte ich, um die einleitende Rebellen-Polemik einer beständigen Befremdung im eigenen Laden zu relativieren, keinesfalls nur französelndes Distinktionsvolk oder unheilbare Marketing-Opfer auf der anderen Seite des Tresens. Im Gegenteil. Ob es der junge Punk ist, der mit präzisen Handbewegungen beschreibt, wie er sich die Geschmackskurve wünscht, die zahlreichen zielorientiertstummen Know-how-Käufer oder diverse Nachbarn, die über ihr gesundes Verhältnis aus echter Begeisterung und unterhaltsamen Spott zu Freunden geworden sind – sie und ihre Kinder sind die Gegenwart und Zukunft, für die es sich lohnt, jedes Milligramm an coolem Wissen, gutem Geschmack und nachhaltigem Denken sofort und pur verfügbar zu machen, Gutes als gut und Schlechtes als schlecht zu benennen – und dies so gut es geht zu begründen.

Bio

Bio ist gut, überhaupt keine Frage. Welch perverser Wahn würde denjenigen reiten, der den Aufwand aus Selektion und schonender Verarbeitung treibt, zuvor aber ordentlich Power-Dünger einsetzt und die Bäume mit Gift besprüht? Leider ist Bio aber auch ein Markt, eine Plakette, Bürokratie. »Bio« hat den Bio-Stempel. »Gut« hat keinen. Deswegen ist »gut« zwar selbstverständlich Bio, Bio aber nicht selbstverständlich gut. Denn zu »gut« gehören noch viele, viele Aspekte, die der Stempel nicht erfasst. Und Bio ist längst in der Industrie angekommen. Kein Großhersteller, der nicht mindestens fünf Biosorten im Portfolio hat, die nach ihrer ungedüngt-ungespritzen Anbauweise dann aber in exakt die gleiche Verarbeitungsroutine eingespeist werden wie der Rest vom Schützenfest. Ganz zu schweigen davon, dass neben der Deklaration möglicher Bestandteile von Milch, Nüssen, (genetisch modifiziertem) Soja, Cerealien und »Aromen« noch das Indiz »Non-Bio« fehlt. Bleiben in einer normalen Industrie-

Conche doch gerne zwei Prozent der vorhergehenden Masse – das sind immerhin 60 Kilogramm bei einer Standardgröße von drei Tonnen – »produktionsbedingt« in den Rohren zurück.

Trend

Flavanole gehören zu den Polyphenolen, einer rundum guten Sache für den gestressten Großstadtmenschen – sie wirken gegen Herzinfarkt. Dass diese wasserlöslichen Pfanzenfarbstoffe neben Tee auch in Rotwein vorkommen, gibt der wachsenden Gemeinde von Weinnasen täglich ein gutes Gefühl. Kakao spielt hier auch an vorderster Front, hat aber zusätzlich noch Flavanole zu bieten, die gute Haut machen. Eine jüngst durchgeführte Dreimonatsstudie an 24 Frauen brachte folgende Ergebnisse: »Die Probandinnen wiesen nach regelmäßiger Aufnahme von flavanolhaltigem Kakao eine bessere Hautfeuchtigkeit sowie weniger raue und schuppige Haut auf. Hervorzuheben ist darüber hinaus das Ergebnis, dass der Schutz vor UV-Strahlen gestärkt wird.«

Welcher verkaufsfördernde Stellenwert dieser Information zuzumessen ist, wissen Frauenzeitschriftsredakteure sicher am besten. »Flavanol« – die Bio-Karibik-Schokolade für natürlich zarte Haut. Auch in den Sorten Mango und Aloe Vera. Ich würde mich für eine Männeruntersuchung zur Verfügung stellen.

Als Käufer dieses Buches haben euch die Marketing-Kampagnen der letzten Jahre sicher erreicht. Nachdem sich erst wundersam und über Nacht alle zur Verfügung stehenden Konditoren und Verfahrenstechniker in »Chocolatiers« verwandelt hatten, der Umsatz derart befeuerter »Grand Cru«-Segmente aber überschaubar blieb, ist nun die Zeit von Schoko-Wellness angebrochen. »Polyphenole« ist der Name der Mission Schokolade 3.0, die ähnlich wie »Cerealien« zur Zeit des beginnenden Müsli-Mainstreams, die Assoziation einer zu Karies und Verfettung führenden Süßigkeit ausradieren soll. Vorneweg die ganz Großen: Impulswaren-Marktführer Mars mit einem Powerextrakt namens »Cocoapro«, Kakaomonopolist Barry Callebaut mit »Acticoa« und in den USA natürlich Hershey's mit der »Goodness Line«. Hierzulande gibt es bislang lediglich eine Linie namens »Purpur IQ« von Sarotti, die den internationalen Besitzverhältnissen der Marken entsprechend mit »Acticoa« gepusht wird und mit ihrem dreifach höheren Polyphenolgehalt die »Konzentration« fördern soll.

Bei allem naheliegenden Spott über diese Marketing-Vermischung von Kosmetik, Funktion und Genuss sowie der abstoßenden Vorstellung, wie diese Produkte erzeugt werden und schmecken – dass Kakao einiges abzuzapfen ist, kann nicht geleugnet werden. Und so wie es mit Fermentation und Röstung seit Urzeiten erfolgt, muss sich auch eine zeitgemäße Lebensmitteltechnologie an dem Stoff austoben. Die Information jeder seriösen Studie, dass ungedüngter Criollo in jeder Hinsicht mehr Potenz hat, bleibt industriell aber nicht verwertbar – es sei denn, der Markt würde akzeptieren, dass Schokolade ab morgen den zehnfachen Preis kostet.

Guter Techno

Apropos Preis: Wenn es nach mir ginge, hätte Domori, die teuerste Marke im Fachhandel, die Gestaltung seiner Produkte in die Hände der Designers Republic gegeben. Legendär wurde diese englische Grafikgemeinde durch ihre umfassende Begleitung der ersten Jahre von »Warp«, einem Label aus Sheffield, das elektronische Musik aus dem Niemandsland zwischen Club, zeitgemäßer Kunst, Punk und Sounddesign zu Pop gemacht hat – obwohl Künstler wie LFO, Autechre und Aphex Twin nie die Charts von oben gesehen haben. Doch ihre Kunst war ein Meilenstein der 90er, ebenso wie deren minimalistische, rundum passende Verpackung. Auch Domori wird niemals Mainstream – vor allem wegen ihres Preisniveaus von 10 bis 15 Euro für 100 Gramm Tafelware. Was mich angeht, auch wegen ihrer unangenehm hochglänzenden, »Luxus« dreifach unterstreichenden Verpackung. Und was viele andere angeht, wegen ihrer Geschmacksphilosophie. Wer je mit dem Sendungsbewusstsein einer frischen Begeisterung durch die Welt ging und daraufhin nur Fragezeichen erntete, kann sich meine Irritation vorstellen, als das freimütig verteilte Turiner Manna von nicht gerade wenigen Menschen als säuerlich, eckig oder einfach falsch gemacht (»Wasserschokolade«) empfunden wurde.

Doch Domoris Geschmack ist einzigartig. Im Vergleich zu jeder ihrer über 70-prozentigen Tafeln erscheint der gesamte hier benannte Rest (bis auf Corallo) irgendwie ähnlich. Klar, dass das polarisiert. Was aber auch daran liegt, dass sich Domori im Marketing ein ganz normales Gewand gibt: Wie bei jedem anderen Edelschmied wird das Hohelied von der Besten aller Bohnen gesungen. Dass diese aber in ihrem Werk nicht 20-mal gefaltet – also drei Tage lang conchiert wird, sondern in einer Kugelmühle den kürzesten aller vorstellbaren Verarbeitungswege nimmt, ist nichts als Techno und im Slow-Food-Marketing so schlecht unterzubringen wie der Stahltank statt der französischen Eiche. Und wird also verschwiegen.

Die Firma Vorwerk, seit den 50er Jahren bekannt für Staubsauger und vorbildliches Vertreterverhalten, hat seit gut 30 Jahren ein in Deutschland kaum bekanntes Küchenwunder im Programm. Der »Thermomix« ist das ultimative Gerät zur sofortigen

Herstellung von Babynahrung: Er püriert und erwärmt gleichzeitig. Größter Absatzmarkt: Italien. Der Legende nach war es ein solches, in jedem besseren italienschen Familienhaushalt stehendes Gerät, mit dem Gianluca Franzoni seine ersten selbstimportierten Bohnen prozessierte. Wir haben es nachgespielt: eine Handvoll Kakaobohnen verwandelt sich im Thermomix innerhalb von zehn Minuten zu Masse, die sofort temperiert werden kann. Von der Bohne zur fertigen Schokolade in einer knappen Stunde – mit Haushaltmitteln. Leider ist das Ergebnis einer solchen Rekordzeit nur essbar, wenn man eine absolut säurefreie Bohne zu fassen hat – was aber nach meinem Empfinden zu einem flacheren Geschmack führt. Unsere Versuche mit der Maschine und handelsüblich säurehaltigen Trinitario-Bohnen waren jedenfalls nach dem Gefühl, sich beim Öffnen des Deckels eine Gesichtsverätzung zuzuziehen, schnell wieder vorbei. Säure ist wunderbar, doch nicht, wenn es schmerzt.

Auch die Kugelmühle ist eine angsteinflößende Maschine. Ein bis zum Rand mit kleinen Metallkugeln gefüllter Kessel, welche von einer mit Armen versehenen Welle, die auch einen Schrottplatz zerkleinern könnte, in Affentempo zum Rotieren gebracht werden. Ursprünglicher und bis heute hauptsächlicher Einsatz: Nougat, Ganache und Cremes jedweder Art, auch kosmetische. Unser Modell fasst grade mal eben drei Liter, wiegt aber gefüllt über 100 Kilo, und wenn sie läuft, hat man das Gefühl, hinter einer Flugzeugdüse zu stehen. Es gibt noch mehr Nachteile: Die Kugeln werden durch die heftige Rotation abgeschliffen, geben ihr Metall also in die verarbeitete Masse ab. In Promillegröße, aber dennoch. Zudem ist der Kessel von Haus aus hermetisch geschlossen, was Vorteil und Nachteil zugleich ist. Denn den auf diesen Bolzenschuss völlig unvorbereiteten Bohnen – die man tatsächlich ohne vorgeschaltete Mischer und Walzen hineinkippen kann – entrinnt zwar nicht mehr lange angestauter Angstschweiß, dafür geben sie aber die ihnen mehr oder minder innewohnende Säuren ohne Filter preis.

Die Lösung ist Luft. Entweder also man nimmt sich die Zeit und lässt das Ergebnis flächig lüften oder man konstruiert die Maschine so, dass die Belüftung während des Prozesses erfolgt. Domoris Kugelmühlen sind lange aufrechte Zylinder und auf dem Höllenritt von oben nach unten wird Luft zu- und abgeführt. In jedem Fall ist vieles in der kleinen Fabrik im Industriegebiet südlich von Turin verkehrte Schokoladenwelt: Nach der angenehm duftenden Trommelröstung wirkt die Kakaoverarbeitung wie ein kühles Chemielabor, im letzten Gang schließlich verhelfen Dutzende von Mundschutz-Bienchen der himmlisch riechenden, aber zähflüssigen Masse per Hand in ihre Form. Dagegen ist jede Industrieproduktion mit ihrem verbrannten Grundaroma eine säure- und bitterstoffgetränkte Schwitzhölle, die (generell andernorts stattfindende) Abtafelung dafür ebenso kühl, automatisiert und vergleichsweise geruchsarm.

Ich bin – leider – weder Verfahrenstechniker noch Lebensmittelchemiker. Ich sehe nur Ergebnisse. Wenn man mit *einer* Maschine – statt vier oder fünf – Schokolade machen kann, und zwar die nach allen Feinschmeckermaßstäben deutlich bessere, so lässt mich das aufhorchen. Mit einer kleinen Kugelmühle und ohne eigene Röstung sind wir derzeit noch im Zwischenstadium und von besten gerösteten Bohnen abhängig.

Gibt es mit Keramikmühlen, geschlossenen Walzen, Laser und Raumfahrttechnologie vielleicht noch andere Möglichkeiten? Welche unbekannten Reservoirs des kleinen Aromagehirns namens Kakaobohne können noch zum Vorschein kommen?

5.

CHOCOLATE
& CHEESE

Der große Gang
über den Markt

Würde er noch leben, wäre Mark Twain ihr größter Fan. Aaron Freeman und Mickey Melchiondo sind zweifellos Reinkarnationen von Tom Sawyer und Huckleberry Finn. Seit der Highschool bzw. seit Ende der 80er Jahre betreibt das sich »Ween« nennende Duo aus dem idyllischen Örtchen New Hope/Pennsylvania Musik als anarchisch-pubertäres Abenteuer, versteckt sich auf Heuböden und in alten Fischerhütten und produziert dort als falsche Brüder Dean und Gene Ween liebenswerte Pop-Streiche voll überbordender Fantasie. Ihre beste Veröffentlichung datiert auf 1994 und trägt den prophetischen Titel »Chocolate & Cheese«.

Mit Gourmanderie hat das selbst in Zeiten von Jamie Oliver auf den ersten und zweiten Blick nichts zu tun. Und beim dritten nur mit einer, bei der sich die Gänseleber als Marshmellow erweist und der Froschschenkel samt noch dranhängendem Tier laut quakend vom Teller hüpft. Die 14 stilistisch hakenschlagenden Stücke aus Folk, Rock, Soul und Anarcho-Humor sind wie das gesamte Werk der falschen Brüder Ernst und Unernst zugleich. Und äußerst lecker. Genau wie Schokolade und Käse, dieses Fest für jeden faulen Gourmet: Die Küche bleibt kalt und es ist trotzdem ordentlich was los auf dem Teller.

Um grundsätzlich zu verstehen, warum diese Kombination ein Killer ist, sollten nicht mehr als zehn Sekunden Hirntätigkeit nötig sein. Käse besteht aus Milch und Schokolade mit Milch hat man ja auch schon gegessen. Milchschokolade! Also ein milder Butterkäse?

Das Gegenteil von mildem Butterkäse ist die britische Blau-schimmel-Institution Stilton. Also haben wir (im privaten Rahmen) unsere ersten Experimente damit gemacht. Es wurde zwar »nur« eine Praline und die von kaum bezahlbarem Aufwand, doch das Ergebnis war bemerkenswert gut, ergo wiederholungsträchtig. Doch dazu später.

Kakao plus?

Bei der Frage, welche Zutaten Schokolade geschmacklich verbessern, ist sich die Mehrheit der Kakaoboys einig: »Keine.« Wobei Zucker nicht als Zutat gesehen wird. Wenn aber Zucker nicht zählt, warum dann Salz? Und wenn wir die Maya als reinen Ursprung in Sachen Kakao bewundern, sollten wir noch einmal genau hinsehen, was deren Rezeptur eigentlich war: Für den Alltag und fürs Volk wurde Maisgrütze eingerührt, für festliche Anlässe besondere Gräser und Baumwurzeln, die dem Getränk Struktur und Körper gaben. Zum Ende der Maya-Zeit kam zudem ein edles Gewürz dazu: die Vanille, bei den Azteken zusammen mit einigen anderen Gewürzen hoch gehandeltes integrales Bestandteil guter Trinkschokolade.

Doch Maya hin, Zucker her: Wenn es um Schokolade geht, die nach allen neuen Regeln der Kunst aus allerbesten Bohnen gefertigt wird, ist dieses Kapitel tatsächlich überflüssig. Für einen reinen Soconusco-Criollo, Guasare oder Porcelana gibt es nur eine einzige statthafte Rezeptur: »Zucker« (siehe unten) nach Belieben, sonst nichts. Nun ist aber nicht immer Pfingsten und Erntedank in einem, dazwischen liegen viele Kartoffeltage, wo die anderen 99,9 Prozent erhältlicher Tafeln, Bohnen, Massen und Kuvertüren Spaß machen sollten. Was dabei helfen kann und was vermieden werden sollte, ist hier ohne Anspruch auf Vollständigkeit aufgelistet. Dabei habe ich allseits bekannten Themen wie Vanille, Ingwer, Nüssen und auch Wein weniger Platz gegeben als den zu hinterfragenden Grundlagen Zucker und Milch und den großen Unbekannten Olivenöl, Kräuter und vor allem Käse. Welche Qualität respektive welchen Charakter die Schokolade haben sollte, ist bei der einen oder anderen Zutat angesprochen. Ansonsten ist mittlerweile hoffentlich klar, dass »Schokolade« genauso viele Dinge bezeichnet wie »Wein« oder »Musik«. Auch deswegen ist dies kein Rezeptbuch (die Ausnahmen bestätigen die Regel). Denn selbst, wenn ich wollte – bei der notwendigen Angabe, welcher Kakao in welcher Verarbeitung eingesetzt werden soll, würde noch der ambitionierteste Koch fragend mit den Schultern zucken –, der Rohstoff Bohne ist in seiner langsam entstehenden Vielfalt auf hiesigen Märkten immer noch kaum greifbar.

Mais und Stärke

Bis Ferran Adria kam, hatte die spanische Küche einen fast genauso schlechten Ruf wie die englische (kein Wunder, dass beide Länder nunmehr die großen Kochstars hervorbringen). In Sachen Kakao verdanken wir den Spaniern alles – sie haben ihn schließlich als Erste gestohlen. Darüber hinaus allerdings kam aus Spanien außer guten Mandeln bis vorgestern wenig positiv Bemerkenswertes. Eine typisch spanische Form des Schokoladenkonsums ist »Churros« – fritiert-fettige Teigrollen, die in dickflüssige Schokolade getaucht werden. Dabei handelt es sich aber nicht um die reine Lehre einer aufgelösten Tafel (welcher Qualität auch immer), sondern um einen mit Mais oder sonstiger Stärke in Substanz gebrachten halbfesten Schokopudding. Was im Übrigen auch für die von Urlaubern verklärt kolportierte Mär der in Spanien oder Italien getrunkenen »wunderbaren Trinkschokolade, in der der Löffel steht«, gilt – ohne Stärke ist dieses physikalische Wunder nicht möglich. Dabei ist den Spaniern und Italienern, die diese Panscherei inszenieren, zugute zu halten, dass sie an eine mehr als tausendjährige Tradition anknüpfen. Maismehl war schon zu Zeiten der Maya ein streckender Bestandteil der Trinkschokolade – allerdings nur jener für das gemeine Volk.

Zucker

Die deutlich folgenreichere »Erfindung« der Spanier war die Zugabe von Zucker. Dabei hatten sie die Unterstützung ganz Europas. »Sie schien eher ein Getränk für Schweine zu sein als für die Menschheit«, schrieb der Italiener Girolamo Benzoni (1517–1570) in seinem 1575 veröffentlichtem Buch *La Historia del Mondo Nuovo* (Geschichte der Neuen Welt) über den Trunk der Azteken. Doch wer könnte es Europäern in diesen dunklen Jahrhunderten verdenken, dass sie nach Süßem lechzten? »Ich hätte gern in der Maya-Zeit gelebt«, sagt der Italiener Gianluca Franzoni im folgenden Kapitel. Gut möglich, dass man dort (zumindest in der Oberschicht) tatsächlich keinen Zucker brauchte. So aber haben wir bis heute den Salat: Karies und Volksverfettung. Der beste Umgang mit Zucker ist aber nicht die zölibatäre Enthaltung, sondern die bewusste Reduktion bei gleichzeitiger Geschmacksbildung. Wenn das grelle Licht gedimmt wird, schmeckt man subtile Zwischentöne, vor allem die pflanzlich-holzig-ledrigen Noten, die der Zucker überrollt. Am besten geht dies mit Trinkschokolade, da man sie selbst zubereiten kann. Und zwar so: 100-prozentige Schokolade in erhitztem (aber nicht kochendem!) Wasser auflösen, probieren, etwas Zucker zugeben – und beim nächsten Mal etwas weniger Zucker. Oder gar keinen. Oder eine andere Schokolade ausprobieren. Zum Beispiel puren Criollo. Das ist zwar teuer, aber das war bei Mayas, Azteken und Marie Antoinette auch schon so.

Nun ist aber Zucker nicht gleich Zucker. Kaum ein Lebensmittel ist geschmacklich eindimensionaler als der gängige totraffinierte Industrierübenzucker, auf dessen spitze Süße Generationen von Kindern getrimmt wurden und werden. Vom Getränk über Joghurt bis zur Wurst fehlt er in fast keinem Produkt der Supermarktregale. Kakaoboys wie Bonnat oder Domori arbeiten mit Rohrzucker, der durch den Verbleib der auch Mineralsalze enthaltenden Melasse im auskristallisierten Zuckersaft geschmacklich wie gesundheitlich klar überlegen ist. Aber auch Rohrzucker ist nicht gleich Rohrzucker: Der sehr langsam, manchmal sonnengetrocknete Muscovado enthält viel Melasse, dunkel-klebrige Kristalle mit einem röstigen Malzgeschmack. Feiner und heller zergeht Demerara auf der Zunge, weniger Melasse und neben malzigen Noten mehr Karamell. Entscheidend bleibt, welcher Zucker mit der komplexen Aromatik welcher Bohne am Ende am besten kann. Für den ambitionierten Heimwerker: Eine Mousse aus 100-prozentigem Edelstoff mit Palmzucker ist ein Hit. Palmzucker, der in der Thaiküche scharfen Currys mit seiner honigkaramelligen, fast blumigen Süße den letzten ausgleichenden Schliff gibt, funktioniert überragend subtil mit guter Schokolade.

Milch

Ach ja, die Kuhmilch. Die gute Butter. Die feine Sahne. Das reine Weiß. Es ist gar nicht lange her, da gab es noch Plakatkampagnen von gesundheitsorientierten VIPs mit Milchbart. Doch mittlerweile sind nicht nur die Milchpreise ein Problem. Das Thema Milch als selbstverständlicher Grundbaustein einer gesunden Ernährung ist schwer im Wanken. Gott sei Dank. Menschen wie meiner Mutter, die angesichts von zunehmenden Allergien reflexartig in finsteren Gesellschaftspessimismus verfallen, sei eine weitere Perspektive gewünscht. Mein jüngster Sohn ist gegen Milch im Sinne von Eiweiß und Laktose allergisch – und obwohl ich immer noch manchmal Milch zu mir nehme, kann ich ihn gut verstehen, denn sie bekommt mir auch nicht gut. Nein, wir haben nicht schon immer von Kuhmilch gelebt. Vor allem nicht alle. Schon deswegen ist die Normalität von Schokolade als Milchmischprodukt eine Zumutung. Willst du die Welt der Aromen durch ein Milchglas sehen oder lieber klar? Die Ausnahmen von der Regel sind dort, wo Milch zu Sahne und Widerstand zwecklos wird – die satte mit Crème fraîche versetzte Trüffel und die pure Konsistenz von frischem Mousse au Chocolat ... Wie auch Käse – zu guter Letzt. Doch es geben auch andere Tiere Milch. Die der Kamele zum Beispiel erfreut sich in Pralinen für den arabischen Geldadel großer Beliebtheit (nahezu unbezahlbar). Von Schafen und Pferden stammen geschmacklich sehr eckige Flüssigkeiten für sehr abenteuerlustige Randgruppen. Wir nun arbeiten für unsere Milchglas-Leckereien ausschließlich mit dem Drüsensekret der Ziege, was nicht nur weltweit gesehen die meistkonsumierte Milch, sondern erwiesenermaßen die besser verdauliche und geschmacklich interessantere Variante ist – wenn der Kakao dazu passt, sprich, schon eine eigene Frucht und Säure mitbringt, die die Säure der Ziegenmilch bindet. Etwas Salz gehört hier unbedingt ins Rezept.

Salz

Der Schokolade Salz hinzuzufügen ist genauso innovativ wie die Sache mit dem Zucker: Beide Stoffe sind Verstärker und in sinnvoller Kombination bekanntlich noch effektiver. Ein wenig Salz gibt der Süße Rückgrat und lässt alle Aromen anders und klarer leuchten. Salzige Butter, salzige Butterkekse, französisches Karamell mit Meersalz, gesalzene Milchschokolade – und dann ein kleiner Sprung zur dunklen Wahrheit. Auch wenn fast alle Kakaoboys die Nase rümpfen und Philipp Kauffmann seinen Bordeaux ja auch nicht mit Ingwer trinkt – einer komponierten Schokolade mit der gleichen Selbstverständlichkeit wie Zucker etwas Salz hinzuzufügen erscheint mir naheliegend, freudespendend und gut.

Was für Zucker gilt, betrifft nun allerdings auch die Salzdebatte. Inzwischen gibt es zahllose unraffinierte, mineralisch gehaltvolle Salze unterschiedlichster Herkunft, die sich allerdings mehr in der Konsistenz als im Geschmack unterscheiden. Neben dem im esoterischen Mainstream als »Salz des Lebens« angekommenen Himalaya sind das vor allem Meersalze rund um den Globus und ihre sonnengetrocknete Krone Fleur de Sel. Lasst Herkunftssalz auf Herkunftsschokoladen rieseln; die Texturen werden sich unterscheiden, der Geschmack minimal. Die Kombination als solche allerdings bleibt so suchtmachend gut, dass wir seit Jahren mit anhaltender Freude selbstgemachte »Salzstangen« (aus nichts als guter Trinitario-Schokolade, mit Ziege und pur) essen und verkaufen. Ein relativ neuer Trend sind mit Kräutern, Zitrusfruchtschalen oder Blüten aromatisierte Salze, die ihren Weg auf Schokolade in mancher Küche gefunden haben. Auch Schokoladensalz, eine Würzmischung aus Kakaopulver, Rohrzucker, Meersalz und Pfeffer, ist zur Verfeinerung pikanter Speisen schwer im Kommen.

Vanille

Der Spötter sagt: Vanille macht aus allem Pudding. Das Lexikon schreibt: Vanille ist ein edles, teures und sehr geschmacksintensives Gewürz, das selbstverständlich auch der Qualitätsbetrachtung (Herkunft, Frische, Anbau) unterliegt.

Vanille war schon immer ein Begleiter guter (Trink-)Schokolade. Letztlich ist es eine Frage der Philosophie. Für Trinkschokolade, insbesondere milchige, halte ich ein Quäntchen Vanille (und Salz) für nahezu unabdingbar, in Tafeln aber für prinzipiell überflüssig – es sei denn, man verarbeitet einen Kakao, der erst durch diese Note zum Leben erweckt wird. Oder man möchte partout eine Vanilleschokolade schaffen. Dies gesagt, bleibt die unerträgliche Freiheit, die Vanille als Korn oder Pulver am Anfang, in der Mitte oder am Ende des Prozesses einzubringen – jedes Ergebnis wird fundamental anders sein.

Pfeffer und Chili

Pfeffer gibt es in vier Farben: schwarz, weiß, grün und rot. Der rosa Pfeffer gehört zu anderen Beeren. Die eindimensionale Schärfe von weißem Pfeffer bringt guter Schokolade wenig und sollte nur in Kombination eingesetzt werden – rein Weißes taugt nun mal geschmacklich nicht. Die anderen drei Farben dagegen haben neben Schärfe auch Frucht und teilweise Süße und eröffnen ein vielseitiges Aromenspiel. Auch hier gilt es, Herkunft und Verarbeitung zu betrachten. Der nelkige Geschmack von Piment (auch Nelkenpfeffer oder Jamaika-Pfeffer) ist eine angenehme Spielart, die allerdings mit seiner ätherischen Note deutlich ins Weihnachtliche weist.

Am weitesten ist die Spannbreite der schon erwähnten Chili-schoten. Diese älteste aller Kakaozutaten gilt es von ihrer industriellen Tristesse frei zu denken, denn in Sachen Komplexität ist Chili ein Schwergewicht unter den Schokoladenverbindungen, das aber Know-how und Handarbeit erfordert. Abgesehen von einer enormen Sortenvielfalt, die sich in Schärfegrad, Aroma und Duft unterscheidet, lassen sich die Schoten frisch oder getrocknet verarbeiten. Als Produzent wird man sich wegen der Haltbarkeit mit getrockneter Ware zufriedengeben, sollte aber unbedingt länger experimentieren, bevor man die Menschheit mit neuen Kompositionen belästigt. Die Messlatte hier sind Domori und Gerbaud, die mit ihren Chilischokoladen der göttlichen Wahrheit recht nahe kommen. Im Privatgebrauch sieht das anders aus: immer drauf damit. Es wird sicherlich wehtun.

Meine liebste Kombination mit Schokolade ist aber nicht die Schote, sondern das Korn: fruchtige dunkle Schokolade mit etwas grobgemahlenem schwarzem Edelpfeffer ist ein geschmacklicher Bungeesprung, der auch passt, wenn einem statt Schokolade mehr nach Filetsteak gelüstet. Hierfür aber braucht es Zucker, es sollten also höchstens 70 Prozent Kakao sein und gewiss kein purer Criollo.

Die anderen Gewürze

Die bis heute beeindruckendste Gewürzschokolade meiner Wahrnehmung war Domoris »Barrique« – 75 Prozent fruchtiger Trinitario-Blend kombiniert mit rosa Pfeffer, Ingwer, Zimt und ... Muskat. Im 17. Jahrhundert bezeichnet als das »Gold Ostindiens«, um das Briten, Spanier, Portugiesen und Niederländer jahrzehntelange Kleinkriege führten. Ein wunderbar eigenes Gewürz, das mir samt Nuss und Reibe aus Kindertagen in guter Erinnerung ist, gehörte es doch immer schon zu Kartoffelbrei, aber auch zu leckeren Nachspeisen und Gebäck. »Barrique« ist die Emanzipation vom Brei, eine meisterliche Kombination von Würze, Schärfe und Frucht, wobei die Muskatnuss keine Haupt-, aber trotzdem eine unersetzliche Rolle spielt.

Zimt und der andere Weihnachtsklassiker Nelke führen fast unweigerlich zu Lebkuchen und Spekulatius und müssen sehr bewusst eingesetzt werden. Weniger festgelegte Zwitterrollen haben Sternanis, Kardamom und Koriander inne, wobei Letzterer als singuläres Gewürz nicht zu den Gewinnern zählt. Kardamom und Sternanis dagegen harmonieren mit einer fruchtigen Dunklen, unterstützt von kandierten Orangen oder auch getrockneten Kirschstückchen ...

Bekannt, beliebt und vielseitig verwendbar sind Sesam und Mohn, beide in gerösteter Form auf satter Milch- oder auch weißer Schokolade. Was passiert, wenn man die Samen direkt mit Kakaobohnen vermahlt, ist hier genau wie in fast allen anderen Gewürz- und Kräuterfragen völliges Neuland und muss – geeignete Maschinen vorausgesetzt – peu à peu erforscht werden, wobei Ölsamen heikel sind, da sie die Fettstruktur der Schokolade beeinflussen.

Wie Muskat verdanke ich Domori auch die Idee von Süßholz bzw. Lakritze in der Schokolade, ein Thema von – wieder einmal – buchfüllender Breite. Lakritze wird hier konsequent nur einer weißen Tafel beigemischt, denn der Geschmack von Süßholz ist so komplex und dominant, dass er Kakao nicht ergänzen, sondern nur ersetzen kann. Ähnliches gilt auch für den edlen Safranfaden, wobei dieser fein vermahlen mit sehr hochprozentiger Masse auch völlig neue Erfahrungen bieten könnte.

Ingwer

Die Wurzel der Zingiber officinale ist ein einzigartiges geschmackliches Faszinosum. Vermeintlich auf Briten, Senioren und Sushi-Beilage festgelegt, erfährt es in immer kürzeren Takten sein Pop-kulinarisches Revival und ist dementsprechend längst zum Klassiker berufen. Die Begegnung mit Kakao erfolgt dabei ähnlich wie bei Lakritz auf Augenhöhe, doch ist Ingwer trotz seiner aromatischen Macht weniger komplex und lässt sich ganz wunderbar mit fast jeder Schokolade kombinieren. In schlichter Forastero-Masse wird Ingwer stets dominieren, mit kräftigen Trinitario-Bohnen und der richtigen Rezeptur ergeben sich Fruchtsalate der würzigsten Art.

Früchte

Kakao kommt als Frucht zu Welt. Eine Information, die im babylonischen Gemurmel immer noch so unbekannt ist, dass die meisten Menschen die Frucht mit der Bohne verwechseln, was gewiss auch daran liegt, dass man die fruchtige Herkunft bis vor kurzem in handelsüblicher Schokolade nicht erahnen konnte. Als guter Kakao noch in fremden Galaxien wohnte, war die populärste Form von Frucht und Schokolade das so genannte Erfrischungsstäbchen, ein brauner Kuvertüremantel, befüllt mit einem halbfesten Gelee aus Zucker und Orangen- und Zitronenaromen. Für die Geschmacksmöglichkeiten manch verwirrten Teenagergemüts ähnlich verkleisternd wie die Musik von Boy George.

Die Erfahrung, dass der Kakao selbst nach Unmengen frischer und trockener Früchte schmeckt, gehört zu den nachhaltigsten

Sensationen in meinem Geschmacksleben und ist ein wesentlicher Grund für dieses Buch.

Hinweg also mit braunen Kirmesäpfeln und -bananen sowie getunkten Erdbeeren. Jetzt erst geht es richtig los. Denn was zum neutralen Forastero eine Solovorstellung gibt, erzeugt mit feinfruchtigen Trinitarios grandiose Duette – die benachbarten Exoten Banane (am Baum gereift), Maracuja und vor allem Mango, Feigen und Datteln, aber auch hiesige Gewächse wie Aprikose, Heidelbeere, Birne, Kirsche und vor allem Pflaume – allesamt als sekundäre Noten in guter Schokolade zu erschmecken. Eine Sonderrolle spielt die geliebte Traube, wie viele Früchte besonders in ihrer getrockneten Form. Wenn selbst ein Fundamentalist wie Claudio Corallo Rosinen als einzige Zutat zu seinen Fermentationspreziosen erlaubt, muss wohl auch an der Tradition von »Rum-Rosine« und »Traube-Nuss« etwas dran sein – und ist es auch. So wie die Bohne auf ihrem Werdegang erst fermentiert und getrocknet werden muss, sind die meisten Früchte erst nach doppelter Reife, nämlich reif geerntet und getrocknet, bereit für den Kontakt mit Mutter Kakao. Ähnliches gilt für die Zitrusfrüchte, deren Säure sanft gebunden werden muss, am besten durch Kandierung, bevor sie eine überaus reizvolle Kombination mit fast jeder Schokolade eingehen – außer natürlich mit purem Criollo, der stets als Solist brillieren sollte.

Am spannendsten aber sind die Grenzgänger unter den Früchten. In der Zitrusfamilie ist dies die Bergamotte, den meisten Menschen ausschließlich aus Earl-Grey-Tee bekannt. Tatsächlich ist dies aber die Königin der Zitrusfrüchte, die mit über 350 Aromen fast alle anderen natürlichen Duftstoffe an Komplexität übertrifft. Wie gut diese Komplexität mit Premiumschokolade harmoniert, beweist eine dunkle Tafel des Brüsseler Zutaten-Scouts Laurent Gerbaud, die aber wegen der sehr begrenzten Verfügbarkeit frischer Bergamotten und dem Aufwand ihrer korrekten Kandierung notorisch ausverkauft ist. Die Kumquat – oft und fälschlich als chinesische Zwergorange bezeichnet, – hat Gerbaud in die Schokoladenwelt gebracht. In ganzer kandierter Form muss sie nur in den rechten Stoff getaucht werden, um in den herb-süß-saftigen Himmel zu gelangen.

Die Quitte ist dagegen noch Theorie. Eine tolle Frucht von ei-gensinnig-herbem Geschmack, die vor allem als Gelee oder Quit-tenbrot in Erscheinung tritt. Dieses gekonnt zu schokolieren, er-scheint so naheliegend wie die bereits im Umlauf befindlichen Erzeugnisse aus zwei geschmacklich verwandten Exoten: Getrock-nete Datteln und Feigen sind schon durch ihre marzipanähn-liche Konsistenz Steilvorlagen für schnelle Kombinationen – die schokolierte Dattel bildet die für puristische Vergnügen noch ver-schlossene Brücke in den Nahen Osten. Aus dieser Region stammt auch der Granatapfel: ebenfalls ein komplexer Geschmack, der wesentlich von den Samen der Frucht stammt. Diese sonnen-getrocknet mit Kakao zu vermahlen ist auf jeden Fall einen Ver-such wert. Für alle Früchte gilt: Hier ist das perfekte Einsatzgebiet für Schokolade aus 100 Prozent Kakao.

Nüsse

Mandeln und Haselnüsse, Pistazien und Walnüsse, Macadamias und Cashews sind Delikatessen mit teilweise ähnlichen Kulturen, Verfeinerungen und Rezepten wie Kakao. Entsprechend begeg-nen sich hier verwandte, unterschiedlich komplexe, aber höchst fetthaltige Sensationen, die allesamt harmonieren, wenn auch nicht auf Augenhöhe. Die schönsten Kombinationen ergeben sich fraglos mit Pistazien und besten spanischen Mandeln, jeweils leicht geröstet und gerne leicht gesalzen. Das Thema Haselnuss ist qualitativ ein rein italienisches, welches selbst Domori dazu verführt hat, eine eigene Gianduia-Schokolade auf den Markt zu bringen, mit der alles, was bei uns unter »Noisette« läuft, ins Tankstellen-Impulsregal verbannt wird. Aber schon eine einfache wohlgeröstete Piemontnuss auf einem guten Stück Java, Ecuador oder Jamaika gehört zu den Kombinationen, die gläubig machen können. Selbst mit Milch.

Kaffee

Der Name Domori bedeutet »zwei Mohren« und steht für Kakao und Kaffee. Nicht nur Claudio Corallo hat Kaffee mit gleicher Hingabe verfolgt. Die vielschichtigste aller bitteren Sensationen ist für jeden Genussmenschen ein Thema von anhaltendem Interesse, ihre Kombination mit Kakao eine Königsklasse im Ring der kulinarischen Herausforderungen. Ob und wie sie gelingt, ist dabei zwar aromatisch naheliegender, nichtsdestotrotz aber ebenso unklar wie bei Wein und Olivenöl, den anderen Vortänzern in Sachen Geschmack: Einer muss zurücktreten, der andere führen, um den Tanz zu beginnen. Vor allem wenn im Sinne der klaren Aromen ohne Milch getanzt wird, ist Wissen um und Gefühl für Säuren und Bitterstoffe die Vorraussetzung. Die dem Kakao verwandte Unterteilung von Kaffee in Robusta und Arabica ist dabei die erste Leitlinie für einen erfolgreichen Blend – je mehr Robusta bzw. Forastero auf der einen Seite den bitteren Körper bildet, desto mehr Arabica bzw. Trinitario/Criollo dürfen auf der anderen Seite die aromatischen Sensationen setzen. Am einfachsten und saubersten ist es dann, den Kaffee als ganze Bohne zu schokolieren oder als Bruch aufzustreuen. Zusammen mit Kakao in der

Mühle ergibt sich insbesondere mit Milch sofort ein liebliches »Mokka«-Gefühl – in puren Kombinationen kann Gott durchscheinen.

Kräuter

Bitte kein Dill, Majoran, Fenchel oder Estragon. Warum nicht Thymian? Ein Freund bedrängt mich seit Jahren, es mit Waldmeister zu probieren. Meiner Meinung nach ist neben Zitronenmelisse und Anis nur die große Welt der Minze jenseits von Pfeffer und Nana ein schokoladiges Eldorado: Ingwerminze, Bergminze, Orangenminze, Bergamotte-Minze und 40 Sorten mehr, es gibt auch Schokoladenminze, am besten kandiert aufgestreut oder trocken gehackt und eingerührt. Tatsächlich können hier nicht nur gute Kakaos, sondern vor allem Milchschokoladen profitieren. In die heiße Trinkschokolade würde ich es aber der Temperatur wegen nicht streuen – dann lieber ein kandiertes Blatt an die Seite gelegt.

Was die frische Pralinenproduktion oder gar die große Küche angeht, so gelten ganz andere Regeln. Jenseits der Penetranz ätherischer Öle kann man hier frische Stengel und Blätter in erhitzter Sahne ziehen lassen und dann fein-aromatische Ganaches herstellen, schokolieren und fertig ist die Zitronen-Salbei-Praline. Ja: Salbei, denn wir sind auf der Seite der Mutigen. Das kampferartige Aroma des Salbeis macht das Spiel mit Kakao nicht leicht, aber mit Zitrone oder Himbeere oder gar Himbeeressig als vermittelnde Instanz in einer schokosahnigen Ganache? Ebenso unterbelichtet ist Bohnenkraut, mit dem gewiss keine neue Religion gegründet, aber vielleicht ein neuer kulinarischer Groove in die Welt gesetzt wird: 80-prozentig Dunkles bestreut mit kandierten Bergbohnenkrautblättchen (harzig-aromatischer als das handelsübliche) und winzigen Stückchen schwarzer sonnengetrockner oder ebenfalls kandierter Oliven. Genauso gibt es unzählige sich in Duft und Geschmack signifikant unterscheidende Basilikumsorten: Thaibasilikum mit seinen süßlichen Anis- und Lakritznoten verlangt nach anderer Verarbeitung als das italienische, pfeffrig und nach Nelke und Piment schmeckende. Die Welt asiatischer Kräuter und Gewürze ist uns trotz globalisierter Nahrungsmittelströme erst im Ansatz bekannt. Zwar haben Ingwer, Galgant, Koriander, Zitronengras und Kaffir-Limettenblätter längst die Küchen wellnessbeflissener Europäer und deshalb auch die Schokolade erobert, aber dass sich etwa mit Korianderwurzel, die sich im Aroma von Kraut und Samen deutlich abhebt, hervorragend würzen lässt, wissen wenige. In jedem frisch zubereiteten Thaicurry spielt sie eine geschmacklich entscheidende Rolle und in welcher Form sie mit Schokolade harmonieren könnte, bleibt auszutesten. Abschied von der reinen Lehre: Grundsätzlich lässt sich jedes Kraut und Gewürz oder jede Gewürzmischung mit Kakao kombinieren. Die richtige Dosierung und die Wahl der passenden Bohne entscheiden über den kulinarischen Erfolg. Und so lange Foodhunter in die entlegensten Winkel der Welt ausschwärmen, um bisher nicht gekannte Kräuter, Gewürze und Aromaten in die kulinarische Arena zu werfen, ist kein Ende ungeahnter Geschmacksmöglichkeiten in Sicht.

Blüten

Dunkle Tafeln in Klarsicht, auf denen sich – neben dem allgegenwärtigen rosa Pfeffer – kandierte Rosenblätter oder Veilchenblüten finden, sind eine beliebte Auslage dekorationsverliebter Tee- und Weinhändler. Nach der Wiederentdeckung der Blüten in der Spitzengastronomie der 90er Jahre war es nur eine Frage der Zeit, bis diese – ob als Aromaöl oder kandiert – in der alten Welt der Luxusschokolade landen würden. Frische Blüten sind zwar sehr gesund, ihre Aromen aber so flüchtig, dass sich damit nur im Hausgebrauch experimentieren lässt. Für eine auf Haltbarkeit ausgerichtete Schokoladenproduktion sind sie ungeeignet.

Öle, die einfachste Art der Schokoladenaromatisierung, führen als Jasmin, Rose oder Lavendel, mit deren Extrakten auch die Kosmetik operiert, unweigerlich zu Seife und Parfüm. Mit kandierten Blüten wird das Ganze weniger penetrant, dafür sind die Aromen schnell geflohen und am Ende bleibt nur Zucker. Außer tagesfrischen Trüffeln ist die einzige Lösung ein ebenso qualitätsversessener wie experimentierfreudiger Kandierer, der vertrauensvoll die Vorarbeit übernimmt.

Candyman

Wie vieles in der Genusslandschaft ist auch das Kandieren ein Handwerk, das weit mehr Möglichkeiten bietet als krachsüße Orangen- und Zitronenstückchen im Weihnachtskuchen. Vor allem für die höchst hydrophobe Schokolade eröffnet das Prinzip des osmotischen Austauschs von Wasser zu Zucker unendliche Kombinationsmöglichkeiten mit Pflanzen, Gemüsen und Früchten, deren Wassergehalt den direkten Kontakt ansonsten unmöglich macht. Zwar spielt Zucker hierbei die Hauptrolle, wie aber schon ausgeführt, ist hierbei geschmacklich einiges mehr möglich als der raffinierte Rübensaft, in dem einige wenige Früchte ertränkt werden. Schon die Idee, analog zur Thaiküche, Thaigemüse in Palmzuckerlösung einzulegen, ist sehr reizvoll. Eine ganz neue Welt liegt dahinter.

Gemüse

Schokolade mit getrockneten Tomaten ist auf dem Markt, das Ergebnis wegen Schokoladen- und Tomatenqualität bescheiden. Für frische Produkte interessant sind Konfitüren oder Chutneys, die in der italienischen Küche aus Gemüsen wie Staudensellerie, Fenchel oder Radicchio komponiert werden, und mit Käse, Schinken, aber auch gebratener Leber, Fisch und anderem Meeresgetier zündende Verbindungen eingehen. Warum also nicht mit den Songs des großen Stil- und Geschmacksverwirrers Adriano Celentano im Ohr in den nächsten Supermercato Gemüsekonfitüre kaufen und auf satte 70 Prozent streichen? Das ist Pop, nichts für Puristen und trotzdem ein sensorischer Kick. Für die Produktion gilt: Gemüse in raffinierter, kandierter Form könnte dem Kakao so noch nicht gehabte Geschmacksmöglichkeiten eröffnen. Die erdige Süße Roter Beeten, die Anisnoten von Pastinaken, das Nussig-Bittere von Artischocken und überhaupt: Oliven, die neue Welt der Qualitätstomaten, der geschmackliche Eigensinn säuerlich-pikanter Kapern ... Der Weg zur Schokoladenpizza ist nicht weit.

Fisch und Fleisch

Die »Mole« genannte mexikanische Schoko-Chili-Soße ist von fataler Bedeutung. Im Original die Königsklasse der Komposition ist sie seit dem Chiliboom ein tausendfach misslungenes Thema jeder modernen Kakaoküche. Kein Wunder, ist neben exzessiver

Vorbereitung dafür nun mal ein Marktstand vonnöten, den es hierzulande nicht gibt. Oder woher bezieht man ein Pfund ungeröstete Soconusco-Bohnen? Wobei Kakao oder Schokolade in dieser Komposition ausnahmsweise keine Solistenposition hat und nur in den Variationen, die zu Geflügel, meist Truthahn, gegessen werden, stattfindet. In jedem Fall ist die Kombination von Fleisch und Schokolade nichts Neues. Auch alte italienische Rezepte verfeinern Soßen von in Rotwein, Gewürzen und Kräutern geschmorten Wildhasen zum Abschluss mit etwas Schokolade.

Was nacktere Kombinationen mit Fleisch als Protagonisten angeht, so führen alle Schokoladenwege in abgehangene Gewölbe und angebratene Küchen, wo mit Zeit oder Hitze aromatisches Salz und Röstaromen entstehen: Kruste, Bresaola, Parma und Serrano, alle am liebsten nochmals getrocknet. Lardo? – warum nicht. Wer der salzigen Schokolade prinzipiell zugeneigt ist und sich zu den Carnivoren zählt, kann hier feinste Junkfood-Momente erleben.

Bei jedwedem frischen Fisch, vor allen dem weißen, kommen um der Subtilität willen nur geröstete Nibs in Betracht. Nur für den Zwitter Thunfisch gilt angebraten oder getrocknet das Gleiche wie für Fleisch – roh oder in Olivenöl dürfen aber auch hier nur umgebende Knabbernibs freundlich grüßen. Zu Anchovis und Sardellen fällt mir außer starkem Schnaps nichts ein.

Oliven und Öl

Und dann ist da diese Szene, wo Don Altobello auf der sizilianischen Terrasse sitzt, Brot und Olivenöl vor sich, er dippt und sagt: »Brot und Olivenöl, das ist das Leben« – und man glaubt ihm kein Wort. Keine Schlüsselszene, aber eine großartige Einstellung im dritten Teil von »Der Pate«. Wer angesichts von einem Topf Olivenöl so verschlagen und doppelzüngig gucken kann, muss wahrhaft schlecht sein (und wird gerechterweise mit einem vergifteten Sahneröllchen umgebracht). Denn ebenso wie Kakaobohnen sind Oliven ein eindeutiger Beweis für die Existenz wohlmeinender Mächte.

Mit der Verbindung dieser Stoffe ist es ähnlich wie mit Wein und Schokolade: Die Theorie flirrt vor Entzücken, doch die Praxis zeigt: Hier ist ein jeder König in seinem Reich. Am besten also, beide bleiben sauber getrennt und begegnen sich nur im Mund derjenigen Menschen, die es wirklich wissen wollen. Denn auch wenn die abschließende Schärfe wie eine Einladung erscheint, ist die grüne, grasige Note der meisten Öle eine unüberwindbare Hürde für fast jede aus gutem Trinitario hergestellte Schokolade. Bei einer mit gleicher Sorgfalt verarbeiteten Forastero-Tafel, die Holz, Leder, Kaffee und Nuss präsentiert, sieht es schon anders aus – hier darf das begleitende Brot auch gerne in ein edles italienisches Öl getaucht oder dürfen kleine getrocknete Stückchen der schwarzen Olive auf die Tafel gestreut werden.

Das andere Ausschlusskriterium aber ist die Vermischung der Fette, die schon Milchschokolade im Mund zu einem unsauberen Spektakel macht. Die angenehmste Verbindung ist folglich – nein, nicht die mit Kakaopulver, sondern mit ganzen gerösteten Bohnen, deren geschmacklich erfahrene Fettigkeit vom Grad des Zerkauens abhängt. Dazu möglichst nussig-mildes Öl und etwas Brot oder direkt auf das ölige Brot gestreute Nibs. Oder die im besten Sinne italienische Schnellküchenidee, seine guten (bronze-gezogenen) Spaghetti neben gutem Öl, guten Tomatenvierteln und Parmesan mit gerösteten Nibs bestreuen.

Umami

Das am besten beleumundete Umami hört auf den Namen Parme-giano, zu Deutsch Parmesan. Frei übersetzt heißt Umami »größte Köstlichkeit« und geht auf den japanischen Wissenschaftler Ikeda zurück. Er isolierte 1908 als Erster aus Seetang Glutamat und vertrat die Meinung, dass es sich dabei um eine eigenständige Ge-schmacksrichtung handelt, die nicht durch die Kombination von süß, sauer, salzig und bitter erzeugt werden kann. Bis heute hat niemand widersprochen. Im Gegenteil.

Das Problem dieser größten Köstlichkeit ist nun aber, dass sie als chemisch gewonnenes Extrakt genauso wenig kostet wie Rübenzucker – mit dem leidigen Ergebnis, dass in einem Teller Tütensuppe so viel Glutamat enthalten ist wie in einem Kilo ge-reiftem Parmesankäse.

Wieviel Umami welcher Kakao oder gar welche der daraus gewonnenen Schokoladen enthält, ist nicht wissenschaftlich er-forscht. Die Beliebtheit von Milchschokolade jedenfalls lässt sich neben ihrer schlichten Süße auch auf den Umami-Faktor der verbundenen Fette zurückführen. Die diesbezüglich intensivste Erfahrung ist die »Purissima Maxima« des Handwerksbetriebs Tiroler Edle, die außer 70 Prozent Edelkakao nur 30 Prozent spezielles Milchpulver enthält, dank der darin enthaltenen Lakto-se durchaus lieblich erscheint und den Mund auf erstaunlichste Weise füllt. Für den echten Genuss ist nur eines klar: Glutamat ist keine Zutat, sondern ein durch Natur und Reife entstandener Lu-xus, den es zu preisen und zu kultivieren gilt. Wenn Schokolade nach Gott schmeckt, spielt Umami gewiss eine wesentliche Rolle. Die uns zum eigentlichen Thema bringt:

Käse

Ein Großteil der Delikatessen, deren Qualität unendlich viele Nuancen aufweist, haben eine gemeinsame Eigenart: Kaffee, Tee, Tabak, Wein, Whisky und insbesondere Kakao und Käse durchlaufen in mindestens einer Phase ihrer Entstehung einen biotischen Umsetzungsprozess mittels Zellkulturen, Pilzen, Enzymen oder Bakterien und erhalten durch Gärung, Fermentation, Oxidation erst die Besonderheit, die unsere sensorische Wahrnehmung in Grenzbereiche führt. Die Käseherstellung nun geht geschichtlich noch weit hinter den Anfang der Kakaokultur zurück: Archäologische Funde weisen in Europa, Ägypten und bei den Sumerern ins 3. Jahrtausend v. Chr. Auch wenn dieses Handwerk von der Völkerwanderung über die industrielle Massenfertigung bis zum EU-Normierungsfuror immer wieder bedroht wurde, war die Käsevielfalt doch niemals so gefährdet wie die Welt der edlen Kakaobohnen und guten Schokoladenerzeugnisse – fand und findet der gesamte Prozess doch schließlich vor unserer eigenen Haustür statt.

Wie bei der Schokolade muss auch beim Käse der erste Blick dem Ausgangsprodukt gelten, das in seiner besten, von artgerecht auf guten Weiden grasenden Ziegen, Schafen oder Kühen stammenden Rohmilchform nichts mit dem neutralen Supermarktprodukt zu tun hat.

Aber auch aus pasteurisierter Milch lässt sich guter Käse herstellen, solange er seine regionale Spezifik behält. Die Milch eines Salzwiesenschafes an der Ostsee schmeckt auf Grund von Futter, Boden und Klima anders als die einer sardischen oder gar einer Ziege aus dem Burgund. Das Aromenspektrum reicht von mild-blumig, säuerlich über nussig, fruchtig, kräutrig-würzig bis zu bitter, salzig oder faulig-scharf. Nun kommen hunderte verschiedener Herstellungstechniken, Lagerungs- und Reifungsbedingungen hinzu. Mehr noch als Kakao ist Käse ein lebendes Produkt, in dem Bakterien, Hefen, Pilze und Milben bis zur Endstufe der Verwesung arbeiten, wonach überreifer Käse bekanntlich oft riecht. Um das zu verhindern, gibt es den Affineur, den Käseflüsterer, der all den Mikroorganismen ablauscht, wie, wo und wie lange die Käse lagern, um perfekt zu sein.

Dies gesagt, betreten wir das riesige Feld möglicher Begegnungen mit Schokolade trotzdem wie ein Kleinkind die Welt. Zunächst gilt es auszusortieren: Schwierig sind Käse mit zu viel Säure (Sauermilchkäse wie Harzer daher völlig ungeeignet) und ammoniakartiger Schärfe. Wie bei Wein und Kaffee sollte auch die direkte Begegnung zu vieler Bitterstoffe vermieden werden. Die unverfänglichen einleitenden Übungen sind also junger Ziegengouda, Brie, Pecorino oder Fontina, dazu zwei bis drei verschiedene freundlich-saftige 60- bis 70-Prozentige. Gleichzeitig im Mund, wird sich schnell und individuell herausstellen, wer die Akzente setzt und ob das Miteinander zu sehr in eine süße, salzige oder säuerliche Richtung abdriftet. Eine Erfolgsquote von mehr als 50 Prozent sei aber schon mit diesen Anfängeradditionen garantiert. Je weiter man sich nun von den milden, blumig-fruchtig-nussigen Jungspunden Richtung Alter, Würze und Salz vorwagt, desto dienlicher ist es, fruchtige Begleiter in Form von Confits und Chutneys sowie ein paar Kräuter und Gewürze bereitzustellen. Auch Wein kommt in dieser Runde ganz wunderbar zum Tragen – sogar Weißwein.

★ Drei Ideen

1. Mimolette, ein kräftig-oranger pasteurisierter Kuhmilchkäse aus der Gegend von Lille, wird bis zu zwei Jahren gelagert. Je älter er wird, desto parmesanig-mürber ist

seine Textur, die Aromen reichen von nussig-karamellig bis fruchtig-zitronig. Die Vision: Eine 70- bis 80-prozentige Dunkle mit Nuss/Mandelaromen schmelzen, mit einem Pinsel auf einen herausgehebelten Mimolette-Splitter streichen und erkalten lassen. Zusammen mit einem Bergpfirsich-Limetten-Ingwer-Chutney mit etwas Chilischärfe und einer Riesling-Spätlese servieren.

2. Für das einfachere Käsegemüt: Fleischige Peperoni seitlich ein wenig aufschneiden, aus halbfestem Ziegengouda kleine Quader schnitzen, diese in Nibs und Kräutern (Koriander, Schnittlauch, Petersilie, Thymian …) wälzen, so dass die Nibs sich in die Käsemasse eindrücken. Peperoni befüllen, in Mehl und Ei doppelt panieren und fritieren. Der Käse schmilzt im Inneren und verbindet sich so schön mit Nibs und Kräutern. Zusammen mit Salat und Guacamole ein prima vegetarisches Gericht.

3. Wer maximalen Genuss ohne große Vorbereitung sucht: Robiola di Roccaverano aus dem Piemont ist ein schnell reifender Frischkäse aus Ziegenrohmilch von grandioser Cremigkeit, kräutrig-frisch und leicht säuerlich. Ähnliche fein-cremige Delikatessen gibt es auch aus hiesigen Landen, beispielsweise vom Ziegenhof Regow, 80 Kilometer nördlich von Berlin. Solch zarte Masse mit einem kräftigen hochprozentigen Blend doppelt zu schokolieren, ergibt gewiss eine Traumpraline. Doch auch ein paar gehobelte weiße Trüffelspäne darüber werden mit zerkleinerten Domori-Tafeln alle unwissenden Kommentare zum Thema Käse und Schokolade zum leise nachschmatzenden Verstummen bringen.

Brot

Ein richtiger Hit sind sie nie geworden, die Eszet-Schnitten, knapp toastbrotgroße, als Belag gedachte Schokoladenscheiben jener Dicke, in der unbeobachtete Nutella-Junkies ihren Stoff auftragen. Die Holländer, in vielerlei Hinsicht kein kulinarisches Vorbild, streuen mit anhaltender Begeisterung »Hagelslaag« – nur rudimentär an Schokolade erinnernde braune Zuckerstreusel – auf ihr Frühstück. Jenseits von solchen Verirrungen erscheint mir die von vielen Kakaoboys gepriesene puristische Kombination von Brot und Schokolade auch bei bester Brotqualität als etwas asketisch-trocken, um nicht zu sagen dröge. Wenn allerdings Olivenöl oder gesalzene Rohmilchbutter als Schmiermittel ins Spiel kommt, sieht die Sache ganz anders aus. Die Buttervariante ist dabei natürlich Vorlage für gute Milchschokolade, kann aber auch toleranten Trinitarios ein leckerer Spielkamerad sein. Mit Öl gedipptes Premium-Weiß- oder auch Sauerteigbrot macht die Tafelauswahl deutlich kleiner, doch wenn hier ölbedingt ein – ja es darf Criollo sein – Sur Del Lago oder auch feiner Nacional passt, gehen gewiss große Genusslichter an.

Wein & Spirituosen

An jedem beliebigen Abend der Woche finden in der Republik gewiss zwei Dutzend Wein & Schokolade-Degustationen statt. In jedem Buch zum Thema Schokolade ist dieser Kombination ein eigenes Kapitel gewidmet. Ganze Bücher zum Thema gibt es auch schon. Ich habe gefühlte 100 Weine mit ähnlich vielen Schokoladen kombiniert und kann mich an keinen Moment erinnern, der mich so beeindruckt hat wie die Verbindung von Schokolade mit Pfeffer, Salz und Käse. Meinen Segen gibt es nur für die natursüßen Klassiker Maury, Banyuls, Moscatel, Marsala, alten Port und Sherry, ein paar edle Liköre sowie fast jeden eine Generation lang gelagerten Brand und Schnaps. Zu einer gemeinsamen Verkostung mehr als 20-jähriger Single Malts oder ebenso alter in Schottland nachgereifter Rum-Exporte mit Schokolade muss man mich nicht zwingen. Zu einem »typischen« Wein & Schokolade-Abend, wo ohne die Begleitung von Käse und Chutney im Malen-nach-Zahlen-Prinzip Shiraz, Nero D'Avola, Tempranillo und Spätburgunder auf Domori, Zotter und Bonnat losgelassen werden, aber schon. Jeder nach seinem Geschmack. Wenn ein Wein deutlich Schokolade sagt oder eine Schokolade nach Wein verlangt, werdet ihr es hoffentlich hören. Wo Schokolade mit anderen Speisen kombiniert wird, sieht das selbstverständlich anders aus, hier ist Wein klar gesetzt.

Tafelmusik

Bevor zum Abschluss dieses Kapitels doch noch gekocht wird, eine Empfehlung für die Küche und vor allem den Tisch. Aus dem kleinen Hauptstadttrend, sich in Clubs »Klassik« zuzuführen, entstand Ende 2008 eine höchst gelungene Veröffentlichung auf dem Suhrkamp-Pendant der deutschen Klassik-Labels, der Deutschen Grammophon. In einer Serie von clubkulturellen Überarbeitungen des DG-Repertoires waren nach den mehr oder minder gescheiterten Versuchen von Jan Delay-Arrangeur Matthias Arfmann und dem funkadelischen Finnen Jimi Tenor »schwarze« Musik mit weißester Hochkultur zu verbinden, zwei echte Club-Päpste zur freien Auswahl gebeten. Moritz von Oswald, der im nächsten Kapitel seinen Ritterschlag bekommt, und sein etwas

eindimensionaleres Detroiter Pendant Carl Craig griffen mit An-
zug und Samthandschuhen zu Mussorgsky und Ravel, zerschnit-
ten präzise und warfen ihre kongeniale Trance-Maschine an. Das
Ergebnis ist nochmals humorferner, feinsinniger und erhabener
als die Originale und sollte nur in besonderen Zeiten eingesetzt
werden, bespielsweise als privates Neujahrskonzert zum Sonnen-
aufgang. Oder zu einem ganz besonderen Kakaomenü.

Ein Menü

Die Schokolade gibt es nicht, also erst recht nicht *das* Schoko-
ladenmenü. Kein Hauptgang *braucht* Schokolade – aber wir sind
nicht auf dieser Erde, um nur zu überleben. Das folgende, wesentlich von meinem leidenschaftlich kochenden Verkaufskollegen
Ronald Herrmann stammende Menü sei nun zum freien Nach-
kochen empfohlen, aber auch als in Stimmung bringende Umsetzung der vielen möglichen Schokoladenbegleiter verstanden.
Doch nun, wie es sich gehört: sechs Gänge von mexikanischem
Aufwand. Voller Genuss und ohne Gefangene.

1. Mousse au Palm

100 Gramm hochwertige Hundertprozentige im 1:1-Ver-
hältnis mit Wasser zweifach vorsichtig erhitzen, gut verrühren und über Nacht in verschlossenem Behältnis im Kühlschrank einlagern. Eventuelles Kondenswasser abgießen,
einen Esslöffel in jedes Schälchen geben und mit etwas
Palmzucker bestreuen.

2. Wolfsbarsch mit Schokoladensalsa und Pastinakenpüree

Für die Salsa

Staudensellerie, das Weiße und Hellgrüne einer Frühlings-
zwiebel und ein paar entsteinte grüne Oliven (bitte keine
Massenware) sehr fein würfeln. Aus Himbeeressig, etwas
Limettensaft und -abrieb, etwas feingehackter Chilischote
(vorzugsweise Thai, vorsichtig dosieren), Salz, Rohrzucker, schwarzem Pfeffer und sehr gutem Olivenöl ein
Dressing herstellen. Kerbel und Basilikum feingeschnitten
dazugeben. Die kleingeschnittenen Gemüse zusammen
mit Kakaonibs (auch hier erst einmal vorsichtig dosieren
und nach Geschmack nachlegen) im Dressing eine Weile
marinieren, so dass eine nicht zu flüssige salsaartige Masse
entsteht.

Für das Pastinakenpüree

Eine feingewürfelte Schalotte mit geschälten und in Würfel
geschnittenen Pastinaken eine Weile in Butter anschwitzen,
mit einem guten Schuss Noilly Prat (Wermut) ablöschen,
reduzieren lassen und etwas Gemüsebrühe angießen, 15
bis 20 Minuten sanft köcheln lassen. Nach der Zugabe von
einem Schuss Sahne je nach Konsistenzwunsch pürieren
oder mit dem Kartoffelstampfer stampfen. Mit Limettensaft,
Salz und Pfeffer abschmecken.

Für den Wolfsbarsch

Die Filets grätenfrei zupfen und in einer Pfanne unter Zugabe von 2 bis 3 Scheiben Ingwer, einer angedrückten
frischen Knoblauchzehe, einem kleinen Stück Vanillestange
(vorsichtig dosieren) und ein paar Nibs in etwas Olivenöl
und Butter auf der Hautseite nicht zu kräftig braten. Mit
einem planen Topfdeckel die Filets beschweren, damit sie

gleichmäßig braten, und zum Abschluss kurz wenden. Die Haut sollte knusprig sein, das Fleisch noch leicht glasig.

Zum Anrichten

Etwas Pastinakenpüree auf die Tellermitte häufeln, das Fischfilet anlegen und die Salsa um Filet und Püree herumträufeln. Wer mag, nehme dazu noch ein paar nicht zu kleine, in Essigwasser eingelegte Kapern, gewässert je nach Säuregrad und Salzhaltigkeit, die Flüssigkeit gut ausdrücken, in etwas Mehl wenden und gut abklopfen, dann in Olivenöl fritieren und auf Küchenpapier kurz entfetten. Ein paar Kapern über den fertig angerichteten Teller gestreut – und schon hat man neben den Nibs einen zusätzlichen, andersartigen Crunch und ein wunderbar leichtes, nussig-röstiges Kapernaroma als gelegentlichen Geschmackskick.

3. Wildschweinrücken mit gratinierter Steinpilzpolenta und Wirsing-Birnen-Gemüse

Für das Fleisch

Rücken aus dem Knochen lösen und in circa vier Zentimeter dicke Medaillons schneiden. Ein paar frische Salbeiblätter kleinschneiden, Körner von Koriander, Piment und schwarzem Pfeffer kurz in einer Pfanne ohne Fett anrösten und grob zermörsern. Salbei und Gewürze in etwas Olivenöl geben und die Medaillons darin marinieren. Kurz vor dem Servieren die Medaillons von den Gewürzen befreien, salzen, pfeffern und in einer Pfanne von beiden Seiten anbraten, im Ofen bei 80 bis 100 °C rosa ziehen lassen.

Für die Soße

Die Knochen kleinhacken, auf ein Blech geben und im Ofen bei mittlerer bis oberer Hitze braunrösten. Gleichzeitig Möhren, Sellerie, Petersilienwurzel und Lauch würfeln, ungeschälte Zwiebel quer halbieren und auf den Schnittseiten braun rösten, frische Knoblauchzehen grob zerteilen. In einem schweren Topf mit großer Fläche die Wurzelgemüse in Olivenöl anrösten, Knoblauch dazugeben. In der Mitte des Topfes Platz machen, etwas Rohrzucker karamellisieren lassen, Tomatenmark draufgeben, unter Rühren leicht anrösten, dabei ein paar Salbei- und Rosmarinstengel, etwas getrockneten Chili (optimal: mexikanischer Chili Ancho) und den Lauch zugeben. Alles durchschwenken, die Zwiebelhälften zugeben, mit einem ordentlichen Schuss dunklem Port und Rotwein ablöschen, reduzieren lassen und das Ganze mit dem Rotwein zwei- bis dreimal wiederholen. Mit Wildfond (ideal: selbstgemacht), Gemüsebrühe oder profan Wasser aufgießen. Die Soße nun circa eine Stunde sanft einköcheln lassen, dann die Knochen entfernen. Unter der Zugabe von frischen Ingwerscheiben, angerösteten Koriander-, Piment- und Pfefferkörnern sowie etwas Zimtrinde, nochmals ein wenig frischem Rosmarin, Salbei und einem Lorbeerbalatt sowie dünn abgeschälter Orangen- und Zitronenschale etwa eine halbe Stunde ziehen lassen. Die Soße durch ein Sieb abgießen, nach Bedarf nochmals reduzieren. Zum Abschluss mit kalten Butterstückchen, etwas schwarzem Johanissbeergelee und guter dunkler Schokolade (etwa die elegante 70-prozentige Sur del Lago von Domori oder, gewagter, die erdig-rassige 100-Prozentige von Corallo, die mit der Chili Ancho bestens funktioniert) binden.

Für die Polenta

Groben (!) Polentagrieß in Butter kurz anrösten, unter ständigem Rühren mit heißer Gemüsebrühe aufgießen und aufkochen lassen. Unter der Zugabe von in einem Steinmörser zu feinem Mehl vermahlenen getrockneten Steinpilzen circa 15 Minuten bei kleiner Hitze zu einem nicht zu dicken Brei kochen, mit etwas Sahne und geriebenem Pecorino zu einer geschmeidigen Masse rühren, der Mais sollte dabei noch seine leicht körnige Struktur behalten. Mit Pfeffer, Salz und etwas frisch gemahlener Muskatnuss abschmecken. Den Polentabrei in eine gebutterte Auflaufform streichen (nicht dicker als drei Zentimeter), mit etwas geriebenem Pecorino und Butterflöckchen bestreuen und im Backrohr bei Umluft und Oberhitze gratinieren. Es sollte am Ende keine kompakte, sondern eine lockere, leicht aufgegangene Masse sein.

Für das Wirsinggemüse

Die hellgrünen Blätter vom Strunk befreien, in Streifen, dann Rauten schneiden und in gut gesalzenem Wasser blanchieren. Anschließend in Eiswasser abschrecken. Feste, aromatische, aber nicht zu süße Birnen schälen, Kerngehäuse entfernen und in kleine Würfel schneiden. Wenig Schalotte und ganz wenig Knoblauch fein würfeln, in Butter anschwitzen, die Birnenwürfel dazugeben, leicht anziehen lassen und die Wirsingrauten untermischen. Etwas Gemüsebrühe angießen und unter Schwenken erwärmen. Mit Salz, frisch gemahlenem Pfeffer, Koriander, Piment und Muskat vorsichtig dosiert abschmecken.

Zum Servieren

Zwei Medaillons mit Soße beträufeln, Wirsing und Polenta-Ecken drumherum arrangieren. Fertig.

4. Schokoladenterrine mit Campari-Blutorangen und Haselnuss-Minz-Pesto

Für die Schokoladenterrine

300 Gramm Schokolade (sehr schön: die 70-prozentige Rio Caribe von Domori) in einer Metallschüssel im Wasserbad schmelzen. Drei Eiweiß mit etwas Zucker (maximal 50 Gramm) und ebenso mit einem TL Zucker 500 Milliliter Crème double steifschlagen. Den Eischnee unter die steifgeschlagene Crème ziehen. Die geschmolzene Schokolade unter die Sahne-Eiweiß-Masse heben. In eine Terrinenform füllen und im Kühlschrank schnittfest werden lassen.

Für die Blutorangen

Orangen schälen und filetieren, in ein Sieb geben und den Saft auffangen. In einer Pfanne Rohrzucker karamellisieren, mit etwas Weißwein, Campari (Vorsicht in der Dosierung wegen der Bitterstoffe) und dem aufgefangenen Orangensaft ablöschen und mit dünn geschälter Orangenschale und wenig Sternanis und Kardamom einkochen lassen. Die Orangenfilets in dem abgekühlten Sirup marinieren.

Für das Haselnusspesto

Grob zerteilte, geschälte Haselnüsse ohne Fett in einer Pfanne anrösten. Mit grobem Rohrzucker, Minzblättern, etwas Rum und Limettensaft in einem Mörser zu einer nicht zu feinen Paste stoßen.

Zum Anrichten

In der Tellermitte eine Pesto-Linie ziehen, eine Scheibe der Terrine halbieren, links und recht der Linie platzieren, die marinierten Orangen mit etwas Sirup kreisförmig umlegen.

★ 5. Dreierlei Bohnen mit Käse

Zwei Dutzend bester Bohnen – mit etwas Recherche und Lieferzeit lassen sich auch jetzt schon ungeröstete Qualitäts-bohnen auftreiben – höchstens fünf Minuten bei schwacher Hitze und unter regelmäßigem Wenden auf der gußeiser-nen Pfanne rösten, abkühlen lassen und vorsichtig schälen. Alternativ muss eine Packung Domori »Faves de Cacao« her. Mit temperierten Kuvertüren überziehen: einmal hoch-prozentige Milchschokolade, einmal 70- bis 75-prozentige Dunkle, beide nach Möglichkeit gleicher Herkunft wie die verwendete Bohne.

Dazu drei Käse nach Geschmack aus den Familien Ziege-Frisch, Rohmilch-Brie und gereifter Berg. Von jeder Sorte drei Bohnen mit ebenso vielen Käsestückchen auf einen Teller legen.

★ 6. Die Stiltonpraline

Den Stilton mit ein wenig Portwein beträufeln und ziehen lassen. Die Masse durch ein feines Sieb streichen, sie sollte eine cremig-feste Konsistenz besitzen. Crème double steif-schlagen und die Stiltonmasse unterziehen. 70-prozentige Kuverture in einer Metallschüssel im Wasserbad schmelzen und unter die Stiltoncrème heben. Die Masse sollte eine mousseartige Konsistenz haben und von nicht zu schoko-ladig-dunkler Farbe sein. Letztendlich hilft hier nur feines Abschmecken – abhängig vom Reifegrad des Stilton und von der aromatischen Intensität der Kuvertüre. Aus dieser Masse pralinengroße Kugeln formen und sehr gut kühlen, die Außenschicht darf ruhig angefroren sein. Inzwischen aus schwarzem Johannisbeergelee, etwas Portwein, Zimtrinde und sehr wenig fein vermahlener getrockneter Chili eine zähflüssige Masse köcheln und abkühlen lassen.

Auf eine Spritze ziehen und in die Mitte der eisgekühlten Moussepraline einen Fruchtkern spritzen. Die Praline nochmals gut kühlen, in flüssige Kuvertüre tauchen, auf Pergament legen und die Schokolade aushärten lassen. Gekühlt aufbewahren. Und ganz zum Schluss hervorzaubern.

Die Zukunft

Was passt zu Schokolade? Was macht Schokolade geschmacklich besser? Alles (Zotter) oder nichts (Domori)? Für die Maya war es entscheidend, dass die Bohnen auf dem Metatestein vermahlen wurden. Lindt machte daraus 1500 Jahre später die Conche. Heute gibt es die Molekularküche. Schicken wir Criollo-Fragmente demnächst durch den Teilchenbeschleuniger? Mit Palm- oder Demerara-Zucker?

Alle, für die Fortschritt und Technik per se Gottes- oder Geschmackslästerung ist, sollten Bohnen nur noch direkt aus der Frucht essen. Doch auch die Kakaoboy-Gesetze sind nicht in Stein gemeißelt und selbst wenn hundert Ideen genannt wurden, ist das nur ein Bruchteil dessen, was uns die Erde an Möglichkeiten schenkt.

Was uns Maya, Azteken, Spanier, Italiener, Franzosen vorgemacht haben, kann aus gutem Grund egal sein. Denn wir haben Kakao und Schokolade dank biologischer Erkenntnisse, neuer technischer Möglichkeiten und einem globalisierten kulinarischen Wissen nochmals ganz anders zu fassen als jemals zuvor. Corallo kombiniert mit in vergorenem Fruchtfleisch eingelegten Rosinen, Zotter mit der ganzen Markthalle und selbst

Domori gönnt sich Muskat und Lakritz. Erlaubt ist, was Niveau hat ... und gefällt.

Also geht hin und zerkleinert ungeröstete Bohnen mit dem Pürierstab, streut Nibs auf Labskaus, löst Masse in Fischfond und fermentiert mit Cola. Na ja, vielleicht nicht mit Cola.

6.

KING
IN MY
EMPIRE

Die große Tafelrunde

Nicht nur Stanley Kubrick wusste, dass 2001 etwas geschehen würde.

Am frühen Nachmittag des 11. September stieg ich in mein vollgepacktes Auto, um die Reste meines Hausstands von Hamburg nach Berlin zu verfrachten. Die Fahrt bei tiefhängend-bleiernem Himmel mit der wahnsinnigen Nachricht vom möglicherweise bevorstehenden Weltkrieg auf allen Radiokanälen werde ich nie vergessen. Ihr langer Fallout prägte mit seinem bitteren Wissen um das Ende aller Sicherheit auch den ersten Winter in der Hauptstadt. Eines der wenigen schönen Dinge, die mich hier empfingen, war das Stück »King In My Empire«, als Maxi-Single jüngst auf dem Kreuzberger Hinterhoflabel Burial Mix veröffentlicht und bis heute nur in eingeweihten Kreisen herumgereicht, hier aber mit allem gebotenen Respekt. Eindeutig dem Großgenre »Reggae« zuzuordnen, drückt »King In My Empire« von »Rhythm & Sound w/ Cornel Campbell« (so ihre offizielle Bezeichnung) alles aus, worum es den dahinter stehenden Berliner Produzentenlegenden Moritz von Oswald und Mark Ernestus geht – was sie aber nicht selbst sagen, sondern einem ehrwürdigen jamaikanischen Sänger mit wunderbarem Falsett in den Mund legen. Oswald und Ernestus sind die Barnett Newmans und Mark Rothkos der neuen Musikwelt, präzise und beseelt arbeitende Techno-Minimalisten, die parallel zur aufkommenden Loveparade aus dem bunten Treiben ausscherten und sich seitdem ausschließlich in – wie ihr Projektname sagt – Rhythmus und Sound ergehen. Dabei rückten sie immer näher an den jamaikanischen Ursprung moderner Dance-Musik. Die Wiederentdeckung von »Wackies« (siehe Kapitel 2) ist ihnen genauso zu verdanken wie eine Reihe ätherisch-erhabener eigener Produktionen, für die es sich lohnt, in die heimatliche Musikanlage zu investieren (Plattenspieler! Guter Verstärker! Große Boxen!).

Wie jede gute Kunst hat »King In My Empire« bei allen, die dafür offene Synapsen haben, die Wahrnehmung verändert und sicher auch meinen Weg beeinflusst. Die Musik ist wie große Schokolade. Schmelz, Tiefe und Komplexität unter vermeintlich einfacher Oberfläche, ohne weiteres in der Lage, einen Raum zu erwärmen. Der Rhythmus, Reggae-sprachlich »Riddim« genannt, ist nichts anderes als ein körperlich fühlbarer Eingriff in die Schwerkraft: Eine Familie choreografierter Elefanten tanzt in ihnen angemessener Geschwindigkeit auf einer mit Kaschmir und Kautschuk bezogenen, blattstahlgefederten Bühne. Darunter stehen diverse Neumann-Mikrofone, deren feinsinniger Mix einen unfassbar weichen, massiv-federnden Offbeat erzeugt, für den halb Jamaika und jeder Chillout-Produzent seine Mutter verkaufen würde. Nicht genug: Darüber schwebt noch ein Gesang, der mit entrückter Wahrhaftigkeit Kifferplatitüden in Haikus verwandelt.

Kurz: Diese Musik ist das Level, an dem sich jede Schokolade, die die Beste der Welt sein will, messen muss, und das perfekte Bild für all jene, die nun porträtiert werden: acht eigensinnige und vor allem unabhängige Produzenten, Provider und Entdecker, die ihren distinktiven Kakaokurs fahren. Schokoladenrebellen, Kakaoboys, Könige in ihrem wie auch immer kleinen Reich.

Bonnat

Bevor ich die Schokoladenproduktion mit Hilfe von Christoph Wohlfarth selbst in Angriff nahm, hatte ich auf der Suche nach einer seriösen Fremdfertigung auch beim französischen Familienbetrieb Bonnat angeklopft. Der abschlägige Bescheid zu meinem Wunsch nach einer dezent gesalzenen Rezeptur war knapp: »Das Haus Bonnat produziert nur Schokolade aus den Zutaten Kakao, Zucker und Milch.«

Ich hätte es mir denken können. Bonnat, gegründet 1884, war von Anfang an in meinem Laden präsent, sieben optisch nahezu identische 100-Gramm-Tafeln, auf deren nahezu schwarzweißer Hülle nur ein kleiner Schriftzug in der unteren rechten Ecke vom entscheidenden Unterschied kündete: Ceylon, Madagscar, Ecuador, Chuao, Côte d'Ivoire, Puerto Cabello, Trinité. Diesen Unterschied unzähligen Kunden erklären zu müssen war mehr Schule, als ich mir gewünscht hatte, vor allem da sich die Geschmäcker nicht viel mehr als ihre Verpackung unterschieden. Trotzdem waren dies aber die sieben Gebote der Schokolade – bis Domori auf meinem Radar erschien (allen, die jetzt auf das längst verfügbare Sortiment von Valrhona und Cluizel hinweisen, sei gesagt: Stimmt! Aber nicht für mich!).

Für den Kurs von Stéphane Bonnat, der das Haus in vierter Generation führt, gibt es (nicht nur) in der Musiklandschaft unzählige Beispiele. Es sind die Traditionalisten, halsstarre Fundamentalisten, für die jedwede Form von Anpassung an »den Markt« (und an Marketing ohnehin) völlig undenkbar ist. Man hat schließlich die Wahrheit zu fassen und wer dies nicht versteht, hat Pech gehabt und soll weiter Radio hören und Kinderschokolade futtern. Für Stéphane Bonnat erscheint mir der Vergleich mit dem Chicagoer Gitarristen und Produzenten Steve

Albini (bekannt vor allem durch seine unbequeme Produktion der letzten Platte von Nirvana) passend – beide sind hagere Wölfe mit Brille, die ohne Wenn und Aber als Erste ihr Revier markiert haben –, ob neuer Rock-Sound oder sortenreine dunkle Schokolade. Wie für Albini gutes Analogequipment, sauberer Klang und die Schallplatte als finaler Tonträger sind für Bonnat die selbst importierte Qualitätsbohne, saubere Rezeptur und ein alter Maschinenpark ohne Alternative. Beide fahren diesen Kurs seit mehr als zwei Jahrzehnten, im Falle Bonnats durch die Familiengeschichte noch viel länger. Wer wissen will, worum es Stéphane Bonnat geht, besuche seine Homepage: Hier polemisiert der Pionier gegen alle, die auf den populären Zug aufgesprungen sind, Marketing priorisieren, die Preisspirale nach oben treiben oder sich sonstwie an der reinen Lehre vergangen haben. Bei aller Humorlosigkeit ist Respekt trotzdem geboten, denn Bonnat ist der Ursprung des kakao-zentristischen Denkens: Von ihm lernte der Edelmarktführer Valrhona, an dem sich wiederum Amedei und Domori abarbeiten mussten. Wie es sich für einen Fundamentalisten gehört, hat Bonnat dieses bunte Treiben kaum vom Kurs abgebracht. Einzig eine Linie »sortenreiner« Milchschokoladen ist als kleiner Schritt in Richtung Kundenwunsch lesbar. Ansonsten gilt: kein Lezithin, keine Vanille, keine Experimente. So ist Schokolade, so war Schokolade, so wird Schokolade sein.

Zotter

Das erste Stück ist das Erkennungszeichen, das zweite der Hit. So steht es geschrieben, so soll es sein. Josef Zotter ist der Popstar der neuen Schokoladenwelt. Mehrere Bücher über und von ihm, unzählige Features und Fernsehbeiträge haben das Wunder aus der

Steiermark bereits gepriesen. Seine Schokoladen stehen nicht nur in jedem europäischen Fachgeschäft, besseren Supermarkt, Bio-Laden, selbst in Kinos wurden die bunten Tafeln schon gesichtet. Und das alles in absoluter Unabhängigkeit von jedwedem Food-Multi. Dahinter steht frühes Aufstehen – und gute Luft. Wo Zotter arbeitet, verbringen andere ihren Wellness- oder auch Gourmet-urlaub. Unweit der eindrucksvollen Riegersburg inmitten saftiger Hügel fallen ihm Tauben und Trauben fühlbar in den Mund. In jeder Himmelsrichtung nichts als Winzer, Schinkengewölbe, Essigmanufakturen, Menschen und Kühe mit gleich sattem und zufriedenem Ausdruck. Wer hier weg geht, leidet unter Kunst oder Rock'n'Roll. Auch Zotter, gelernter Koch *und* Konditor, stach ein paar Jahre der Hafer, bevor er sich damit zufriedengab, seine saftige Umgebung mit Schokolade zu kombinieren, Kürbiskerne zu Marzipan, Wein und Bergkäse zu Ganache zu verarbeiten, zu schichten und zu überziehen. Wobei »zufriedengeben« für Zotter ein denkbar falsches Bild ist. Der Mann ist getrieben und er treibt die Schokoladenwelt vor sich her. Dabei hilft ihm seine harte Leh-re sicher. Dazu gehört auch ein Wehrdienst, der ihn mit dem Gra-fiker Andreas Gratze zusammenführte. Dieser kongeniale Maler und Zeichner, schon lange in Berlin ansässig, hat mit seinen bunt-verspielten Illustrationen einen gehörigen Anteil am durchschla-genden Erfolg von Zotters bahnbrechender Idee: in Anlehnung an das Pralinenhandwerk »handgeschöpft« benannte Pasteten in Tafelform. Wenn die Anzahl der Nachahmer den Erfolg einer Idee zeigt, dann ist dieser Erfolg enorm – und er ist es: Keine Schoko-ladenfabrik der Welt ist attraktiver, offener und innovativer als das beständig wachsende Gebilde, das Zotter mit großen Fenstern ins hügelige Grün gestellt hat. Hier residiert ein Willy Wonka ohne Misanthropie: Schokoladenkino, Schokoladentheater, Schoko-ladenseilbahn umgeben eine gläserne Produktion, die Roald Dahl gemeinsam mit Terry Gilliam ins Leben gerufen haben könnte, wo uraltes Maschinenwerk mit hypermodernen Anlagen synchronisert ist und jede der hundert Zutaten ihre eigene, passende Verarbeitung erfährt, bevor sie mit den in der eigenen Kakaoverarbeitung erzeugten Massen zusammenkommt. Mittlerweile kann Zotter alles: 100 Prozent in Vollendung und quietschbunte Tafeln aus Erdbeerpulver und Kakaobutter, meditative Nibs und krachsüßes Karamell. Das alles ohne Ausnahme in Bio und Fair Trade. Da sei jeder Erfolg von Herzen vergönnt.

Domori

Mit dem dritten Song geht's ums Ganze. Keine Marke prägt dieses Buch und mein Schokoladenverständnis mehr als der mittlerweile im Illy-Konzern angebundene Mittelständler aus der Nähe von Turin. Ohne mich nochmals an Domoris Marketing, Ästhetik und Vertriebspolitik zu reiben, bleibt es dabei: Was in einer gesichtslosen Wellblechbaracke in einem gesichtslosen Industriegebiet zwischen anderen gesichtslosen Wellblechbaracken (Fiat etc.) produziert wird, ist in der Schokoladengegenwart auch 15 Jahre nach Gründung des Unternehmens ohne Konkurrenz. Wie bei den meisten großen Beispielen der Popwelt waren es zwei, die dieses Eisen schmiedeten. Zu dem Vorzeigekünstler, Gourmet und Bonvivant Franzoni gehörte lange Jahre ein kongenialer Mann mit einzigartigem Business-Gespür namens Claudio Ceppolina, von dem ich die Ehre hatte, einige gute Ratschläge zu bekommen, bevor er seine Anteile an Illy verkaufte und über Nacht auf seinen agritouristisch veredelten Weinberg verschwand. Seitdem hat Domori ein deutlich anderes Gesicht: Hochglanzlackiert und mit internationaler Mood & Food-Fotografie positioniert sich die

Marke ohne Wenn und Aber zwischen Prada und Bentley, Barolo und Patek Philippe als Must-Have der Geschmacks- *und* Geldelite. Die sprunghafte, um nicht zu sagen hybride Produktpolitik der ersten Jahre ist flurbereinigt, jetzt signalisieren Farben das Spektrum sortenreiner Bohnen, technoides Silber den gewürzten Freistil und pures Gold die preisliche und geschmackliche Krone der Schokoladenwelt: Puertomar, Puertofino, Porcelana und seit neuestem auch Chuao sind die einzigen glaubhaft und schmeckbar puren Criollo-Produkte auf dem Markt, fest gebucht auf die ersten Plätze in Sachen Feinschmecker-Meisterwerk.

Gianluca Franzoni ist auch nach dem Aufkauf noch Präsident von Domori, ob dieser Titel so wenig bedeutet wie in Deutschland oder so viel wie in den USA, kann ich nicht sagen. Der Cacao Cult heißt mittlerweile Cacao Culture, wird aber nicht verraten, im Gegenteil: Domoris Kommunikation läuft ausschließlich über ihre Bohnenkompetenz und die (vermeintlich) fimeneigene Hacienda San José auf der ostvenezolanischen Halbinsel Paria, wo nahe Trinidad diverse Criollos ihre Rekultivierung erfahren. Dass der Soul mit jeder neuen Verpackung mehr als Teflon-Mainstream erscheint, hat glücklicherweise so gut wie keine Auswirkungen auf den Geschmack. Und es passt: Neben feinsten Böhnchen ist Franzoni auch ein Freund von sauberem Leben, teurem Wein, roten Teppichen, London, New York und Tokyo. Und seiner selbst.

Pacari

Ecuador im 21. Jahrhundert: Die Zeit des »Kakaos der Armen« ist längst vorbei. Der gute, aus Guyaquils damaligem Forastero-Gemenge isolierte und nahezu ausschließlich angebaute Arriba,

Nacional oder Nacional Arriba ist weltweit als Ausnahme von der Regel anerkannt: ein Forastero mit auffallend floralen und zitrusfruchtgen Noten, der selbst von Domori sortenrein verarbeitet wird und in der strengen Franzoni-Klassifikation ein Sondersternchen erhält (reiner Criollo hat allerdings drei Sterne).

Santiago Peralta, Gründer und Inhaber von Pacari Chocolate, ist das ecuadorianische Pendant zu Gianluca Franzoni, ein gutgelaunt-gewinnender Kakao-Impresario, der mit Sendungs- und Selbstbewusstsein seinen »Beste-Schokolade-der-Welt«-Kurs verfolgt, auch wenn er nicht direkt davon spricht. Indirekt aber umso deutlicher. Der Mythos »Criollo« ist für ihn nichts als die Bezeichnung für »einheimisch« und sein Einheimischer ist nun mal Nacional. Hier spielt die Musik. Und sie klingt großartig: Kein anderes aus ecuadorianischem Kakao gewonnenes Schokoladenprodukt kann »Esmeraldas«, »Manabi« und »Los Rios«, den drei aus unterschiedlichen Gebieten bezogenen, in unterschiedlichen Anteilen mit »kondensiertem Rohrzucker« vermischten Bohnenextrakten das Wasser reichen. Kleine Abstriche in Sachen Feinheit werden mit schockierenden Zitrus-, Bananen-, Blüten- und Honignoten mehr als wettgemacht. Dazu werden wie bei Original Beans und Zotter, nur durch den komplett einheimischen Prozess nochmals authentischer, die Prinzipien nachhaltigen Wirtschaftens umgesetzt. »Wir sind davon überzeugt, dass Firmen, besonders in Entwicklungsländern wie unserem, die Pflicht haben, ökologisch und umweltbewusst korrekten Anbau zu fördern«, schreibt Peralta auf seiner Homepage. Und auch die letzte Innovation ist eine kleine Revolution: Zwei Tafeln namens »Raw«, einmal 70 Prozent, einmal 100 Prozent, werden ungeröstet prozessiert, um »die Antioxidationsmittel und das vielschichtige Geschmacksprofil des natürlichen Kakaos zu bewahren«. Das ist Schoko-Wellness, gewonnen durch das Gegenteil chemischer Isolierung: eine ungeschminkte Bohnenerfahrung mit feinen Aromen von Jasmin und Nüssen.

Corallo

»Es wird als Ketzerei angesehen, an ein Olivenöl zu denken, das nicht nach Oliven riecht, oder an einen Wein, der keine Ähnlichkeit mit den ursprünglichen Trauben hat. Gleichzeitig ist es normal, dass die Leute Schokolade akzeptieren, die so viele Aromen enthält, dass sie jede Verbindung zum Aroma der Kakaobohnen verloren hat.«

Der schillerndste aller Kakaoboys, der Florentiner Claudio Corallo, betrat den europäischen Premiumparcours durch zwei Hintertüren. Als Erstes brachte der französische Chocolatier Pralus eine 75-prozentige Corallo-Schokolade als »Barre de Plantation« in den Verkehr, kurze Zeit später goss der katalanische Designer Enric Rovira eine mit Rohrzucker verrührte 100-prozentige Corallo-Masse in sein Fliesenformat. Zwei unterschiedliche Interpretationen eines Themas: »Roh und frisch«.

Beide Tafeln eint das gleiche Erlebnis: ein geschmacklich schockierend »bohniger« Erstkontakt mit schnellem sauberen Abgang. Ein wunderbares Entree für das Original, das hierzulande seit 2008 erhältlich ist und eine wachsende Szene nachhaltig beeindruckt. Corallo knallt: Der bei Öffnung der direkt auf São Tomé verschweißten Silberfoliensäckchen austretende Geruch ist von keiner Weinentkorkung, ja nicht einmal von Domori-Tafeln zu toppen. Die betörende grün-rot-braune Wolke macht beinahe benommen, der Anblick der offensichtlich mit Macheten gehackten Bruchstücke, ihre Textur und ihr Geschmack – alles ist im höchsten Maße eigen und unvergesslich und markiert den größtmöglichen Gegensatz zur bisherigen Welt der Schokolade. Corallo sagt: »Die Industrie vernichtet Kakao.« Seine Schokolade, so steht es auf der Website, ist die Beste der Welt.

Als einziger zeitgemäßer Schokoladenproduzent hat Corallo es mit dieser kantigen Polemik schon zu einem Porträt im *Spiegel* gebracht: ein Kakaoboy, dessen Vita im Alleingang dieses Buch füllen würde. Es begann mit Kaffee: 20 Jahre lang rekultivierte der studierte Agrarökonom allein im kongolesischen Urwald vergessene Sorten, fuhr dafür Tausende von Kilometern auf den Flüssen, die Joseph Conrad in *Das Herz der Finsternis* beschreibt, bis er im Zuge von Bürgerkrieg und Umsturz seine Plantagen endgültig verlor und 1998 in den der westafrikanischen Küste vorgelagerten Inselstaat São Tomé e Príncipe übersiedelte, wo er zuvor eine verlassene Farm gekauft hatte.

»Mein Herz ist auf den Plantagen, wo das Land, die Sonne und der Regen das Aroma unserer Produkte erzeugt.« São Tomé ist das erste Land, wo jenseits seines amerikanischen Ursprungs Kakao angebaut wurde. Um die Nachfahren dieser 180 Jahre alten Pflanzen ging es dem Entdecker – und auf Príncipe fand er sie. Corallo ist ein Naturbursche, er will das Aroma, das er beim Öffnen der Frucht empfängt, so gut wie möglich übersetzen. Dafür wird ein Aufwand betrieben, der in europäischen Löhnen kaum darstellbar wäre: Allein das manuelle Ausscheiden minderwertiger Bohnen vor der Röstung würde den Preis der Rohware mindestens verdoppeln, zudem auch nochmals sortiert wird, auf dass nur Bohnen gleicher Größe geröstet werden. Als langjähriger Kaffee-Experte ist Corallo hier besonders penibel, denn es geht um die Sekunde. Die vermeintlich schonende lange Röstung bei niedriger Temperatur, so sagt er, »nimmt dem Kakao das Glück«.

Original Beans

Die jüngste Firma, der jüngste Kakaoboy in dieser Runde. Philipp Kauffmann, politischer Naturschützer im Rahmen von UN und WWF ist ein Quereinsteiger zeitgemäßester Art, jemand, für den Globalisierung per se Chance und nicht Problem ist. Grade mal drei Jahre jetsettender Beschäftigung mit dem Thema ließen den studierten Ökonomen und Anthropologen im Jahr 2008 das Unternehmen Original Beans ins Leben rufen. Kakao aus Bolivien und dem Kongo, Degustation in San Francisco, Vertrieb in Amsterdam, die Frisur sitzt. Ich werde trotzdem keinen Stein werfen, vor allem, weil Kauffmann bei allem Marktwirtschaft-2.0-Habitus die Nachhaltigskeitsgebote in konkrete Handlung umsetzt. Entstanden ist Original Beans im Zusammenschluss mit einer US-amerikanischen Köchin und Biofood-Unternehmerin und einem niederländischen Fair-Trade-Aktivisten. Gemeinsam fand man die richtigen Bauern, die richtigen Bäume, verhandelt wurde direkt, und für die Verarbeitung der Bohnen wählte man mit der Schweizer Firma Felchlin eine der besten Fremdfertigungslösungen auf dem Weltmarkt, woraus, mit allen Fair-, Soli- und Klima-Aufschlägen ein Preis resultiert, der das Produkt »Original Beans« in Höhen treibt, die selbst Domori, und sei es nur wegen kleinerer Formate, nicht fordert. Neun Euro für eine handelsübliche 100-Gramm-Tafel ist ein Paradigmenwechsel. Doch dies ist keine Schokolade, dies sind »Original Beans« in Tafelform: Buy or die.

Gerbaud

Laurent Gerbaud verdanke ich viel. Er kam zu mir als initiative Bewerbung. Eines Tages im noch jungen Jahre 2003 stellte mir eine junge Frau eine kleine Tüte auf den Tisch, meiner Erinnerung nach fast völlig kommentarlos. Darin waren ein paar dunkle, mit gesalzenen Nüssen belegte Tafeln und ein in Pralinenkreisen als »Ballotin« bezeichnetes Kästchen mit schokolierten Früchten. Die Verpackung war angenehm schlicht: nichts als matter, einfarbiger Karton mit einem kleinen chinesischen Schriftzeichen. Gerbauds Logo. Die Nüsse und Früchte waren sauber und gut, ein echter Knaller waren die mir bis dato unbekannten Kumquats, chinesische Zwergorangen, die halb-kandiert in dunkle Schokolade getaucht waren. Ich nahm sofort Kontakt auf – Mail-Adresse kumquat@... und sah an der Antwort, dass hier alles andere als ein besonders ausgeschlafener Marketing-Designer am Werk war, sondern ein echter Chocolatier, der ein paar glücklose Jahre als belgischer Pralinenvertreter in China hinter sich hatte und für ein Bier und jede Form von Deftigkeit sofort fünfe grade sein lässt und seine kleine Schokoladenküche dabei trotzdem absolut sauber fährt. Zusammen haben wir uns in Domori verliebt und sind damit in arge finanzielle Nöte gerutscht (dies ist nun mal der teuerste Stoff auf dem Markt), zusammen sind wir jedes Jahr durch die gesamte Schokoladenlandschaft gezogen, haben gespottet, gelacht und gepriesen. Dank seinem Wechsel von so genannter »Belgischer Schokolade« zu Domori-Rohwaren und einem im genusssüchtigsten Sinne selbstgenügsamen Anspruch ist jedes Produkt unter seinem Namen nichts anderes als göttliches ... Junkfood. Nicht zur Meditation geschaffen, sondern für eine Form von Dolce Vita, die aus dem Leben hier und jetzt so viel wie möglich rausholen will.

Andrich / Bear

Frank Andrich hat in dieser Ansammlung eigentlich nichts verloren. Weder stellt er Schokolade her, noch geht es ihm im verfeinerten Maße um Qualität, zumindest nicht so wie allen anderen hier Vertretenen. Sein Metier sind Maschinen, die in seinem Betrieb Bear Mühlen im vollkommen unhippen Berliner Stadtteil Reinickendorf neu hergestellt oder auch recycelt werden und die er über die ganze Welt vertreibt. Insbesondere in die Anbaugebiete. Die Hälfte des Jahres verbringt Andrich in der Nähe von Kakaobäumen, mehrere komplette Kakaoverarbeitungsfabriken hat er hier schon gebaut und auch sonst in seinen 30 Jahren im Geschäft Dinge gesehen, die allen hingebungsvoll über ihren Schokoladenpreziosen meditierenden Künstlern dieser Riege völlig fern sind. Vor allem in Westafrika – was als Landkarte auch direkt neben seinem Arbeitsplatz hängt. Diesen könnte man sich samt dem ganzen Betrieb auch problemlos in Afrika vorstellen. In diversen Ecken liegen mehr oder weniger alte Kakaosäcke und was in der Maschinenhalle erstellt wird, könnten Röster- oder Waffenteile sein – kein Zweifel, dass ein jeder hier auch Wasserpumpen, Betonmischer oder Zweitakter reparieren könnte.

»Angefangen habe ich bei einem Betrieb namens KaScho, also Kakao und Schokolade, in Steglitz. Da gab's die ersten Eindrücke. Wenn man auf dem Klo sitzt und es riecht nach Schokolade, das ist schon ein unheimlicher Eindruck. Da haben wir schöne Sachen gemacht, den ersten Haschisch mit Schokolade gemischt, war 'ne leckere Sache. Damals, das war ja Berlin zu Mauerzeiten, da wurde alles bezuschusst, Geld spielte keine Rolle, höchste Qualität, höchste Technik. Alles, was billig war, was auch nur ansatzweise schimmlig gerochen hat, wurde sofort in die DDR verscherbelt. Heute ist das Standardware. Heute kriege ich Aufträge, um irgendwelche Abfälle zu regenerieren und wieder in Kakaomasse zu verwandeln.«

Andrich nascht gerne Bohnen, aber nur die großen, fettigen. Geschält müssen sie sein und gerne auch gewaschen. Ein zwiespältiger Prozess, bei dem nach der Fermentation alle Überreste nochmals mit Wasser entfernt werden, um dann blitzblanke Bohnen zu trocknen. Der Slow-Food-Denker schüttelt den Kopf, für Andrich ist es aber die reine Freude, wie ihm auch die Idee einer möglichst nur in früher und später Sonne zu erfolgenden Trocknung nur ein spöttisches Grinsen abverlangt. Die Bohne, so sagt der Pragmatiker, muss möglichst schnell trocken werden, sonst besteht die Gefahr von Schimmel und Schlimmerem. Was den Rest angeht, so wird nicht lange über Genmaterial und biologische Spezies meditiert, wenn schon, dann über Höhenlagen von 100 bis 200 Meter, Meer und Lavaboden – »das ist fantastisch«. »Es ist wie mit allen Lebensmitteln«, sagt er. »Das Produkt muss frisch sein, es muss 'ne gute Qualität sein. Wenn ich ein Schwein habe, das mit Eicheln gefüttert wird, dann ist das ein Unterschied zu 'ner Drecksau, die sich auf dem Müll ernähren muss. Wenn ich guten Boden habe und einen Monat nach der Ernte kommt das in meine Fabrik vor Ort und da wird sauber sortiert – dann kriege ich einen exzellenten Kakao hin, dann kann ich sagen, ich mach 'ne grüne oder ich mach 'ne scharfe Röstung, scheißegal. Das ist keine Suppe, das ist dann wirklich aus der Gegend.«

Die Tafelrunde

Es wäre ein kleiner Traum – vielleicht aber auch ein Alptraum. Denn diese Runde fand im echten Leben nicht statt. Die Kakaoboys sind schwer beschäftigte und häufig insuläre Unternehmer, die schon für die Beantwortung der Fragen per E-Mail teilweise Monate gebraucht haben – Stéphane Bonnat hat es leider gar nicht geschafft. Ihre Zusammenstellung nun ist meine rein subjektive Entscheidung, keine durch Marktanteile, Feinschmecker-Sterne oder ein Votum der Internationalen Schokoladenakademie erstellte Bestenliste.

Wir begrüßen Gianluca Franzoni (Turin), Josef Zotter (Steiermark), Laurent Gerbaud (Brüssel), Philipp Kauffmann (Amsterdam), Santiago Peralta (Quito) sowie sporadisch Claudio Corallo (Príncipe) und Frank Andrich (Berlin).

★ *Ist die Bezeichnung »Götterspeise« zutreffend?*

ZOTTER: Nein, nicht wirklich, zumindest nicht der heutigen Zeit entsprechend.

GERBAUD: Die präzise Bezeichnung für das Erlebnis einer großen Schokolade. Eine mystische Erfahrung für alle Sinne.

KAUFFMANN: In jeder Hinsicht, ja. Wenn es einen Ort gibt auf diesem Planeten, an dem die Welt dem Schlaraffenland gleicht, dann sind es die tropischen Regenwälder, aus denen Kakao stammt. All die Vitalität und Diversität des Urwalds fließt in die Magie, die Aromen und die Wirkungen des Kakaos: göttlich.

CORALLO: Jede Frucht, die mit Sorgfalt und Professionalität aufgezogen wurde, kann einem göttliche Aromen und Gefühle geben.

FRANZONI: Ich wünschte, ich hätte in der Maya-Zeit gelebt.

★ *Was bedeutet Ihnen Criollo?*

FRANZONI: Mein Leben, meine Aufgabe, mein Traum, meine Errungenschaft.

ANDRICH: Eine unter vielen Varianten.

PERALTA: Criollo heißt »einheimisch«. Bei uns ist die ursprüngliche »Nacional« die fein-aromatische Bohne.

KAUFFMANN: Terminologie und Klassifikation im Kakao sind noch in den Anfängen. Die Begrifflichkeiten sind unklar und ungeschützt. Wir gehen sehr vorsichtig damit um. Generell steht Criollo für feines Aroma und besser. Weil sich unser Unternehmen um seltene, ursprüngliche Kakaos dreht, sehen wir auch viele »fine flavor«-Bohnen, die nicht Criollo sind. Die Arriba und noch mehr, unsere Beni Wild Harvest, gehören genetisch zur Forastero-Familie. Schlechter? Keine Spur. Und die Beni Wild ist einer der ursprünglichsten Kakaos. Also: alle *fine flavors*, ob Criollo oder nicht, gilt es zu verteidigen.

ZOTTER: Wunderbarer Kakao, der sehr selten ist und in den leider viel hineininterpretiert wurde. Eigentlich gibt es keinen reinen Criollo mehr, weil er immer wieder in irgendeiner Weise einerseits von Menschen geklont wurde und andererseits alleine durch die Biodiversität in den Plantagen sich mit Forasteros und anderen Sorten vermischt hat. Man kann wieder rückzüchten, aber das geht sicher nicht in zehn Jahren.

GERBAUD: Tatsächlich der Kaviar des Kakaos. Lange habe ich den vollen Fruchtgeschmack von Trinitario vorgezogen, aber seitdem ich neue Criollos aus Indonesien und die neuesten Canoabo-Tafeln von Cacao San José/Venezuela probiert habe, bin ich komplett abhängig und will mehr. Es sind aber sehr schwierige Bohnen, da die Aromen so subtil sind und weit weg von »dem Schokoladengeschmack«.

★ *Haben Sie einen Lieblingskakao?*

ZOTTER: Nein, da gibt es schon einige. Da ich sehr viele Plantagen kenne, verliebe ich mich nahezu nach jeder Reise in eine neue Sorte.

FRANZONI: Natürlich Criollo, aber seit 1999 bekomme ich Proben guter Bohnen von vielen Bauern und es macht mich froh und stolz, nach jedem Versuch damit neue Gefühle zu erleben.

GERBAUD: Natürlich Madagaskar. Dies ist der Kakao, durch den ich in die echte Schokolade gesprungen bin und die belgische Industrieware für immer verlassen habe. Madagaskar ist wie das Burgund für Wein, ein einzigartiger Reichtum aus Jahrhunderten verwilderter Plantagen, wo Trinitario-Hybride mit sehr altem Criollo spielen, und herauskommt eines der größten Geschenke der Natur.

KAUFFMANN: Nein. Ich genieße die Vielfalt von guten Kakaos.

PERALTA: Nacional.

★ **Essen Sie Schokoladen anderer Hersteller?**

ZOTTER: Selbstverständlich. Nur Namen mag ich keine nennen, das würde ja heißen, dass ich irgendwelche Präferenzen hätte.

FRANZONI: Nein.

KAUFFMANN: Ich spucke mehr aus, als ich esse. Und ich esse nicht per se nach Hersteller, eher nach Hersteller/Bohne/Rezept.

GERBAUD: Sicher, ich esse viel Domori, mag aber auch Bonnat, Pacari and Cacao San José.

★ **Gibt es einen optimalen Schokoladengeschmack?**

ZOTTER: Manchmal bin ich nahe dran, aber dann komme ich wieder drauf, dass es je nach Verfassung immer wieder etwas Neues gibt, das mir dann doch noch besser schmeckt.

FRANZONI: Was das geschmackliche Profil angeht? Schmelzig, nussig, süß, nicht sauer.

KAUFFMANN: Nein. Für mich geht's um die Frucht. Wer jemals eine frische fine-flavor Kakaofrucht aufgemacht und gekostet hat, der will dieses unglaublich reichhaltige Geschmackserlebnis in der Schokolade wiederfinden.

GERBAUD: Jeder soll seinen eigenen Geschmack haben. Ich mag Säure und ordentlich Frucht mit langem Nachgeschmack, die Noten von roten Beeren; manche bevorzugen nussigen, holzigen oder geräucherten Geschmack. Freiheit für alle Schokoladenliebhaber!

PERALTA: Schokolade sollte ein komplexes Aroma haben und das Beste der Bohne rüberbringen.

★ *Eine Deklaration, anhand derer Konsumenten gute von schlechter Schokolade unterscheiden können – ist so etwas vorstellbar?*

ZOTTER: Ja, sicher ist das vorstellbar ... wenn auch sehr, sehr schwierig, da müsste man doch einiges Geld in die Hand nehmen und in den Anbauländern forschen, um hier zu Standards zu kommen.

KAUFFMANN: Im Kaffee haben wir die Entwicklung der Cup of Excellence von Nahem mitverfolgt. So was muss auch im Schokoladensektor kommen. In dieser Hinsicht unterstütze ich die Bemühungen der Academy of Chocolate voll und ganz.

GERBAUD: Die traditionellen Kriterien wie Glanz, Bruch und Temperierung sind okay für die Industrie, werden aber absurd, wenn es darum geht, echten Stoff zu erfahren. Eine große Schokolade sollte im Mund gut schmelzen, präzise und subtile Noten der Bohne transportieren und so lange anhalten wie guter Wein. Die Struktur dagegen ist völlig frei, es kann so roh und körnig sein wie der Modica-Stil oder die Tafeln von Corallo, die ich sehr schätze, oder so weich und buttrig wie Domori – Geschmack für alle.

CORALLO: Auf jeden Fall.

a) Erinnere dich daran, dass Kakao eine Pflanze ist wie der Olivenbaum oder der Weinstock.

b) Gebrauche deinen Kopf – kannst du gute Schokolade aus schlecht behandelten Bohnen herstellen? Probier die Bohnen, bevor du sie behandelst, und die 100-prozentige Schokolade, bevor du sie vermischst.

c) Vergiss die komplizierten Legenden über Schokolade (oder Kakao), denk, bevor du deinen Gaumen und Geruchssinn einsetzt, immer daran, dass es das Ergebnis einer Frucht ist. Und nachdem du sie gegessen hast – vertrau auf deinen Bauch.

★ **Was halten Sie von 100-prozentiger Schokolade?**

FRANZONI: Meine Markterfindung, 1997 herausgebracht, um einen 360°-Ausblick auf Kakao zu bekommen. Sie ist aber nicht perfekt im Geschmack, weil Zucker fehlt. Sie ist gut mit einigen Zutaten, exzellent in der Küche, verstärkt aber die Schwächen einer schlechten Bohne und Verarbeitung.

ZOTTER: Gut, dass es sie gibt, aber endgültig ist auch eine 100-Prozent nicht, schon gar nicht wenn das Bohnenmaterial nicht stimmt.

KAUFFMANN: Solange Frucht drin ist ...

GERBAUD: Mehr als ein snobistischer Trend, ein guter Weg, um den vollen Geschmack eines Ursprungs kennen zu lernen, aber definitv zu stark für den täglichen Konsum. Es braucht Süße, um die Bitterkeit von Schokolade zu genießen.

PERALTA: Großartig, wenn die Bohnen gut behandelt wurden.

★ **Was halten Sie von Bohnen/Nibs als Genussmittel?**

FRANZONI: Auch mein Thema, veröffentlicht im Jahre 2000 nach der Erfindung einer Bohnenschälmaschine. Erkenntnis und Bildung für viele Menschen ...

KAUFFMANN: Solange Frucht drin ist …

ZOTTER: Mag ich gerne, für Konsumenten eher schwieriger.

GERBAUD: Eine meine Lieblingsdelikatessen!! Großartig auch in der Küche.

PERALTA: Als Chocolatiers schätzen wir natürlich Nibs und Bohnen um ihrer selbst willen. Außerdem sind sie ein gesundes und vielseitiges Nahrungsmittel.

★ *Wo ist die Grenze im Preis für 100 Gramm Schokolade bzw. wo wäre Ihre eigene?*

ZOTTER: Kann ich nicht sagen. Meine eigene liegt bei etwa 4,50 Euro, obwohl ich sehr oft mehr ausgebe, aber das ist ja auch mein Job.

FRANZONI: Acht Euro.

KAUFFMANN: Meine eigene ist derzeit um zehn Euro. Aber ich finde, dass sich Schokolade langfristig an den Weinpreisen orientieren muss. Selbst bei einem Preis von zehn Euro externalisieren wir noch sehr viele Kosten. Nicht zuletzt nehmen wir hin, dass Kleinbauern mit einem Einkommen von ein bis drei Euro am Tag abgespeist werden.

GERBAUD: Fünf bis acht Euro, maximal zehn. Aber für eine wirklich große Erfahrung gibt es kein Limit.

PERALTA: Das hängt komplett von der Herkunft und Qualität der Bohne ab.

★ *Wird sich die Orientierung zu dunkler, edler Schokolade weiter fortsetzen?*

ANDRICH: Nein.

ZOTTER: Hoffentlich, obwohl ich glaube, dass Milch und Fruchtschokoladen auch ihre Berechtigung haben. Fruchtschokolade, so wie ich sie verstehe. Statt Milchpulver Fruchtpulver (gewalzt und conchiert) und nicht in Weiße etwas Farbstoff und Aroma eingerührt.

FRANZONI: Nicht so sehr.

KAUFFMANN: Ich hoffe, dass Schokolade die Entwicklung von Wein nachholt.

PERALTA: Ja, aber es wird auch schwieriger, echte Premiumschokolade von den lediglich teuren Marken, die den Trend ausschlachten, zu unterscheiden.

GERBAUD: Auf Seite der Produzenten gibt es Bewegung, aber wenig Interessantes. Auf Seite der Konsumenten gibt es immer noch viel Aufklärungsbedarf, sie essen zwar mehr dunkle Schokolade mit hohem Kakaoanteil, aber die Mehrheit kauft immer noch im Supermarkt und hat keine Ahnung von echtem Premium. Für diesen Nischenmarkt brauchen wir mehr Kommunikation.

★ *Welches ist die größte Verfehlung der Kakaowelt historisch gesehen und heute?*

PERALTA: Überprozessierter Kakao.

GERBAUD: Palmöl, CCN 51 in Ecuador und immer mehr Junkfood aus billiger Schokolade und haufenweise Zucker.

ZOTTER: Trinkschokolade, weil es heutzutage nur in den seltensten Fällen eine ist.

FRANZONI: Jahrhundertelanger Fokus auf großer Ernte und krankheitsresistenen Hybriden statt einer sensorischen Behandlung der Varietäten.

KAUFFMANN: Oh je. Da gibt's viele. Bis heute hat es die Schokoladenindustrie versäumt, dem Charisma des Endprodukts und der einzigartigen Qualität des Ausgangsprodukts, dem Regenwald, in irgendeiner Weise gerecht zu werden. Nach wie vor organisiert die Schokoladenindustrie eine der ausbeuterischsten Werteketten überhaupt: Abholzung der Regenwälder, sklavenähnliche Ausbeutung von Arbeitskraft, ungezügelte Transport- und Verpackungspraxis. Das alles, obwohl der Schokoladensektor eine der gesündesten und heilsten Industrien der Welt sein könnte.

ANDRICH: Es gibt immer noch keinen frostfesten Kakao.

★ *Welchen Stellenwert haben die Schritte der Kakaoverarbeitung (vom genetischen Material bis zur Temperierung) für die Schokolade?*

FRANZONI: Zuerst Genetik, dann Verarbeitung.

KAUFFMANN: Wir folgen da Domori: 50 Prozent Varietät und Ökosystem, 25 Prozent On-Farm-Verarbeitung, 25 Prozent Kakao- und Schokoladenverarbeitung.

PERALTA: Wenn auch nur in einem Schritt eine falsche Entscheidung getroffen wird, beeinflusst das den Spaß des Konsumenten direkt.

ZOTTER: Für mich ist es extrem wichtig, alle Produktionsschritte im Haus zu haben, weil ich glaube, nur so authentische Schokolade machen zu können Natürlich fängt das in der Kakaoplantage an mit dem Kakaobauern selber. Heutzutage gibt es in Luxuslabels mehr Industrieschokolade, als man denken will. Umfüllen macht eine Industrieschokolade noch nicht zum Luxusprodukt oder gar zu einer Schokolade, die für 100 Gramm 5 Euro wert ist.

GERBAUD: Jeder Schritt ist wichtig und beeinflusst das fertige Produkt. Ich bin seit vielen Jahren gut mit einem Händler von Madagaskar-Bohnen bekannt, der ungefähr 20 Qualitätshersteller beliefert, und es gibt keine zwei Tafeln, die gleich schmecken.

★ **Kann man Schokolade geschmacklich noch entwickeln?**
Wenn ja, an welchem Punkt der Verarbeitung?

ZOTTER: Selbstverständlich, das machen wir jeden Tag ... Wir drehen an Röstgraden, beim Walzen passieren unfassbare Dinge, wir überschlagen uns mit den Temperaturkurven in der Conche usw.

FRANZONI: Wie gesagt, zuerst Genetik, dann Verarbeitung ...

KAUFFMANN: Aus unserer Sicht sind die Möglichkeiten so unbegrenzt wie beim Wein. Varietäten, Terroir, Fermentierung, Röstung, Conching, Blending ...

GERBAUD: Auf der Plantage mit besserer Kontrolle der Fermentation und Trocknung und in der Fertigung mit Rösten und Conchieren.

★ **Welche Zutaten machen Schokolade geschmacklich besser?**

ZOTTER: Komische Frage. Alle Zutaten natürlich ... jede einzelne ...

FRANZONI: Keine.

GERBAUD: Keine.

CORALLO: Keine, nur die Qualität der Arbeit (die *unbedingt* auf der Plantage beginnt). Aber eine gute Schokolade mit gutem Brot ist wahrhaft göttliche Speise, ebenso wie Brot und Olivenöl.

PERALTA: Manche Zutaten sind interessant und können das Erlebnis erweitern, aber guter Kakao braucht keine Zusätze.

KAUFFMANN: Ich bin Kakao-Purist. Ich trinke meinen Bordeaux auch nicht mit Ingwer.

★ **Welche Rolle spielen Bio und Fair Trade für Sie/Ihre Firma?**

GERBAUD: Das ist ein politisches Thema. Das hat nichts mit Geschmack zu tun.

FRANZONI: Keine Rolle. Wir arbeiten an ganzheitlichen Genetik-bis-zur-Tafel-Projekten.

ZOTTER: Eine sehr große, sonst würde ich es ja nicht machen, und das ausschließlich und nicht als Spartenprodukt.

KAUFFMANN: Bio, Fair Trade und Rainforest Alliance, um genau zu sein. Wir kennen die Schlüsselpersonen in diesen Organisationen sehr gut und arbeiten eng zusammen. Wir setzen uns auch dafür ein, dass mehr Menschen verstehen, was Fair Trade konkret beinhaltet. Wir begrüßen, dass sich die Zertifizierer so hart einsetzen für Mindestkriterien bei der Großindustrie. Als kleines Unternehmen sehen wir unsere Aufgabe darin, den Maßstab höher zu legen. Unser Motto: Weniger schlecht ist nicht gut.

PERALTA: Wir führen unser Geschäft nach biologischen und Fair-Trade-Standards und glauben daran, dass es wichtig ist, so zu verfahren – für den Planeten ebenso wie für die Gesundheit der Bauern und die Menschen, die unsere Produkte genießen.

★ *Angenommen, Kakao wüchse in Europa oder in den USA und die Bauern bekämen entsprechende Löhne – was würde dies für den Schokoladenmarkt bedeuten?*

GERBAUD: Lustige Frage, keine Ahnung, mehr lokale Produktion, mehr lokale Rezepte wie in den tatsächlichen Anbaugebieten.

FRANZONI: Für und wider wie immer.

ANDRICH: Weniger Konsum, höhere Preise.

ZOTTER: Dass sie statt wie bisher bei mir 4,50 Euro für 100 Gramm wahrscheinlich sechs Euro kosten würde. Denn selbst durch Fair-Trade-Prämien, Biozuschläge und Qualitätsaufschläge arbeiten die Menschen im Süden zu anderen Löhnen als bei uns.

KAUFFMANN: Perfekte Frage! Schokolade würde sich an den Preis von Wein angleichen.

★ *Wie würden Sie eine optimale Situation für den Genuss guter Schokolade beschreiben?*

ANDRICH: Wenn ich nicht aufhöre zu essen.

ZOTTER: Schokolade nicht essen, sondern auf der Zunge zergehen lassen, dann kann man wahre Gaumenexplosionen erleben. Wenn es eine gute Schokolade ist.

FRANZONI: Wenn du dich gut fühlst, Zeit hast und in guter Verfassung bist.

KAUFFMANN: Überall, finde ich. Aber es gibt verschiedene Schokoladen für verschiedene Momente.

GERBAUD: Offiziell mit klassischer Musik und ohne Störung. Oder zusammen auf der Flucht vor der Party, halb betrunken, Tafeln brechen wie Junkies.

PERALTA: Wein und Freunde.

★ *Was sind Ihre liebsten Begleiter zu Schokolade und Kakao?*

ZOTTER: Wasser.

FRANZONI: Brot und Wasser.

KAUFFMANN: Leitungswasser. Auch darin bin ich Purist. Oder Champagner.

ANDRICH: Wein.

GERBAUD: Argentinischer Rotwein (Malbec), Olivenöl, sehr gutes getoastetes Brot mit salziger Butter.

CORALLO: Brot, einige Destillate, Wasser und Nüsse, die den Geschmack nicht überdecken, nur begleiten.

★ **Wie bereitet man eine gute Trinkschokolade zu?**

FRANZONI: Mit Schokolade und Wasser.

ZOTTER: Gute Schokolade, entweder mit Wasser oder wie in unseren Breitengraden so üblich mit Milch.

KAUFFMANN: Unsere Couverture-Rondos mit heißem Wasser.

ANDRICH: Mit 4-prozentiger Rohmilch und karamellisiertem Zucker.

GERBAUD: Halbfette Milch, 30 Gramm 75-prozentige Ecuador für eine Tasse, etwas Rohrzucker, langsam auflösen und rühren, bis es gut ist.

PERALTA: Etwas Milch und ein Stück Pacari-Schokolade.

★ *Ihr schönstes Erlebnis mit Kakao oder Schokolade?*

GERBAUD: Als ich von dem, was ich in Belgien kannte, zu dem Domori-Blend wechselte, den ich seit fünf Jahren verwende. Es war, als hätte ich die Jahre zuvor nur Pappe produziert, eine unglaubliche Erfahrung.

PERALTA: Zum ersten Mal Kakao frisch aus der Frucht essen.

ZOTTER: Mein Gott, da gibt es so viele ... ich kann nur immer vom Letzten reden, das war vorige Woche, als wir in unserem Kakaokino den Film »Viva el Cacao« präsentiert haben. Da ist mir wieder bewusst geworden, was wir mit unseren Projekten in Lateinamerika schon bewirkt haben. Anschließend haben wir im Kino »Kunststoff« (eine von Zotters neuen Sorten mit »Rosa Kokos und Fischgummi«) mit Nachbarn und Presse verkostet, das war schon sehr schön.

FRANZONI: Natürlich neuen Kakao entdecken. Und zum ersten Mal nach vier bis fünf Jahren das Ergebnis einer agrikulturellen Errungenschaft probieren.

KAUFFMANN: Im Schokoladenwald, im Gespräch mit Bauern, immer wieder und an den verschiedensten Hotspots.

CORALLO: Wie alle Arbeit, die mit Leidenschaft getan wird, gibt dir diese Aufgabe jeden Tag etwas zurück und du wirst nie aufhören.

★ *Worauf sind Sie stolz?*

ZOTTER: Auf gar nichts.

FRANZONI: Ohne Kompromisse an meinen Traum zu glauben.

KAUFFMANN: Dass Original Beans eine Wertkette aufgebaut hat, die der Erde tatsächlich mehr zurückgibt, als wir ihr nehmen, und damit eine der besten Schokoladen produziert, die man derzeit kaufen kann.

PERALTA: Dass wir durch Pacari das Leben vieler Farmer verbessern konnten und dazu organischen Anbau und nachhaltiges Wirtschaften gestärkt haben. Und darauf, dass wir der Welt das Beste aus Ecuador geben.

GERBAUD: Auf das Lächeln meiner Großmutter, wenn sie mich ansieht, und auf das Vertrauen meiner Liebsten, wenn sie meinen neuen Schokoladentest probiert.

7. LIKE WATER FOR CHOCOLATE

Wie man aus all dem Wissen nun einen schönen Abend macht

Die Blätter sind grün, gelb und rot. Was auf dem Boden liegt, wird braun. Laubbäume spielen Kakao. Ich bummle mit meinen Söhnen durch einen entspannten Großstadtkiez und spiele »Ich sehe was, was du nicht siehst«. Eine Wolke herben Fruchtgeruchs zieht uns in einen aufgeräumten Laden, wo hinter Glas zwei Mühlen mit gedämpftem Grummeln Bohnen zerkleinern, umspielt von einem schönen Mix aus Dub, Elektronik und Coltrane. Der Raum ist unbeleuchtet, Spots zeigen die Attraktionen. Einer zielt auf zwei kleine Spender, die alle fünf Minuten etwas Material zur Probe auslassen. Die Jungs sind fasziniert, ich auch. Im Moment laufen zwei indonesische Bohnen: Lombok und Bali. Im kleinen Tresen liegen fünf verschiedene Sorten Bruch und ein paar gestern hergestellte Trüffel, dazu werden frische Biofrüchte, Käse von verschiedenen Tieren, glücklicher Parmaschinken, Sauerteigbrot, Argan- und Olivenöl und energetisiertes Quellwasser gereicht. Die Kinder kriegen das milde Menü, ich bestelle einen Kakao des Hauses, auf Kaffeepulvergröße zerkleinerte Jamaikabohnen, die tags zuvor gärend nach traditioneller Mokkamanier mit heißem Wasser übergossen würden. Wir setzen uns ans Fenster.

»Wasser für Kakao« ist das Gegenteil von »Wasser für Schokolade«. Einmal schöpfend bzw. sauber verlängernd, einmal zerstörend. Die Pflanze will trinken und liebt den Ozean, das Getränk braucht Flüssigkeit. In aufgelöster Schokolade aber macht schon ein Tröpfchen Wasser die austarierte Fettphysik hinfällig: Alles stockt, der Fluss ist dahin. Da lässt sich nur noch Trinkschokolade draus machen.

Schon einmal von Common gehört? Ein sehr aktiver und sehr erfolgreicher US-Hip-Hopper. »Like Water for Chocolate«, veröffentlicht im Jahr 2000, war sein Durchbruch, sein drittes, noch nicht einmal Top-10-notiertes Album – und trotzdem mit dem gleichnamigen, verfilmten, in 33 Sprachen übersetzten Weltbestseller-Buch im Google-Ranking mehr als gleichauf. Auf dem Cover sieht man eine junge schwarze Frau am öffentlichen Wasserspender, der mit »Colored Only« gekennzeichnet ist. Was auch immer aus Common geworden ist (gemessen an seiner neuen Platte nichts Gutes) – mit diesem und dem darauffolgenden Album hat er sich jeden Kakaoboy-Orden verdient. Die Musik ist zwar weit von Laura Esquivels mexikanischer Heimat entfernt, aber genauso grandios wie ihre Koch-Balz: eine abgehangene Melange aus Soul, R&B und Hip-Hop mit komplexem Aroma und langanhaltendem Geschmack. Sinnlich, wach und entspannt zugleich. Eindeutig »Water for Cocoa«.

My Way

Eine meiner liebsten Bands, die ich im Laden nicht auflege, sind die Melvins. Ein hart rockendes Trio aus San Francisco, ähnlich verspielt wie die Kapitel 5 einleitenden Ween, aber deutlich böser im Humor und enger in der musikalischen Ausrichtung. Ihre größte Waffe ist die unendlich lange Herauszögerung. Eines ihrer Konzerte verbrachte ich trotz theoretischer Bewegungsfreiheit knappe zwei Stunden am exakt gleichen Platz, wie ein dem dräuenden Unwetter ausgesetzter Baum, der auf den erlösenden Donner wartet. Dieses Erlebnis hat mich geprägt. Seitdem erscheint mir die unendliche Herauszögerung als Königsdisziplin in Sachen Genuss. Und so schnell der Flash eines Stücks Domori und Pacari auch auf der Zunge ist, passieren doch lange danach noch kleine Sensationen.

Zum einleitend vorgestellten Laden habe ich es leider noch nicht gebracht und kann auch nicht mit Gewissheit sagen, dass er ein Pop-Hit wäre. Aber um Pop ging es mir wie allen Kakaoboys auch nie. Nur um den eigenen Geschmack. Als Betreiber eines Einzelhandels kann man sich das aber nur begrenzt leisten. Anbieten, was gefällt, doch nur, was verkauft, wird nachbestellt. Der erste Schritt vom Sortiment zur eigenen Marke war eine bei Domori gefertigte Auftragsarbeit, vier Sorten in Modifikation dessen, was mir als beste Schokolade der Welt erschien: ein 70-prozentiger Blend in spezieller Bohnenkombination, dunkle Chili und salzige Milchschokolade mit höherem Kakaoanteil, weiße Lakritz mit weniger Zucker. Für jede Idee gab es nur einen Versuch, alle waren gut bis grandios. Doch es war eine Fremdproduktion, die hier nur verpackt wurde. Drei Jahre lang habe ich mich mit meinem Café »Kakao« von diesem schöpferischen Phantomschmerz abgelenkt. Eine gute Zeit lang gab es hier die beste Kombination aus Trinkschokolade und Musik. Doch irgendwann waren der Akku und die teuren Rumflaschen leer.

Die eigene Schokoladenküche kam Ende 2006. Seitdem erforsche ich mit dem produzierenden Kollegen Christoph Wohlfarth in stündlichem Austausch die vielfältigen Möglichkeiten und Beschränkungen einer Kleinstproduktion.

Musik I: I Want To Be Evil

Auch wenn ich es oft ignoriere, ist ein Laden doch kein Café oder gar eine Bar. Immer wenn ich im Verkauf stehend etwas unbequemere Musik ein wenig lauter machte, kamen garantiert eine Gruppe irritiert bis pikiert blickender Senioren und/oder Touristen herein. Um solche Situationen zu vermeiden, wurde die heimatliche Sammlung immer mehr in ladentauglich und nicht ladentauglich geteilt. Viele der von mir im Verkauf gespielten Platten sind weder neu noch selten. Dafür aber passend. Meine liebste ist Eartha Kitts (1927–2008) im Jahre 1953 veröffentliches Album »That Bad Eartha«. Eine Platte wie ein Sandalenfilm von Louis Malle, ein sepia-getöntes Urlaubsbild glücklicher Bauhaustage am Ostseestrand, eine Reise um die Welt mit David Niven und Peter Ustinov in ihren jungen Tagen. Im Klang wie alle Musik dieser Tage: hier eine Stimme direkt im Ohr, irgendwo weit draußen ein filmmusikalisch schwelgendes Orchester. Eartha Kitts Organ ist alles, was Brigitte Bardot ein paar Jahre später gerne wäre: verrucht und abgeklärt. Zwar hat sie kaum mehr Soul als die unglückliche Blondine, dafür aber einen Humor, den man vielleicht Dean Martin oder Robbie Williams zuschreiben würde. Und dabei erscheint sie unglaublich europäisch. Doch für diese junge Schwarze, die der Hafer gestochen hat wie kaum jemand anderen, war nichts unglaublich, nichts unbekannt. Ge- und vertrieben aus ihrer US-Heimat tingelte sie mit ihrer Mischung aus großäugiger schwarzer Freakshow und Musical Anfang der 50er durch Europa und die Türkei mit dem hörbaren Ergebnis dieser Platte, auf der eine schwarze Baumwollpflücker-Tochter von gerade mal 26 spanisch, französisch, türkisch und swahili singt. Ein Weltwunder, das uns im ersten Stück »I Want to Be Evil« folgende Zeile schenkt:: »I want to wake up in the morning with that dark brown taste.«

Sex (Deutschland)

Auch Trude Herr wurde 1927 geboren. Ansonsten verbindet sie wenig mit Eartha Kitt, wobei aus ihr, wäre sie nicht 1991 früh verstorben, möglicherweise auch eine transzendentale Schwulendiva geworden wäre, die zudem ihr Verhältnis zur Schokolade hätte richtigstellen können. So aber bleibt »Ich will keine Schokolade (ich will lieber einen Mann)« von Anno 1955 ein fatales deutsches Vermächtnis, das dem volkstümelnden Entweder-Oder von Sex und Schokolade nachhaltig den fettigen Boden bereitete. Das kleine Glück der sexuell Frustrierten, besonders gut von einer vollschlanken Frau umgesetzt, ist bis heute ein dominantes Bild zum Thema. Wie anders wäre die Geschichte verlaufen, hätte das Lied den Text »Iss doch lieber Schokolade (damit ich dich besser schmecken kann)« gehabt und von dem sinnlichen Erlebnis berichtet, jemanden zu küssen, der oder die von tief innen nicht nach Schultheiß und Currywurst, sondern nach Criollo riecht. Noch wirkungsvoller wäre es natürlich gewesen, wenn Trude nicht Trude, sondern Lilo Pulver oder Nadja Tiller gewesen wäre, also jemand, dem man selbst in den deutschen 50ern ein Sexualleben zugetraut hätte.

Womit zum Thema Sex und Schokolade von meiner Seite alles gesagt wäre: als wiedergewonnenes Genussmittel Nummer eins ist es kein Taschentuch für frustrierte Tränen, sondern gehört – nicht notwendig, aber gut ergänzend, einleitend oder verschönernd – zum anderen beliebten Zeitvertreib der Menschheit. Statt sich mit verdünnter Nutella zu bepinseln, sollte man allerdings lieber Laura Esquivel nacheifern: Nach derartigen Koch- und Essorgien wird Sex zu einer anderen Form von Genuss und Wahrnehmung.

Eine neue Droge

Kakao enthält Anadamid und Phenylethylamin, jene Stoffe also, die auch in Haschisch und Morphium auf Glücks- und Lustzentren wirken. Ein Elfmeter für alle bunten Seiten und vermischten Wissenssendungen, begleitet von dem bitteren Appendix, dass die berauschende Wirkung erst ab 20 Kilo eintritt – gemeint ist natürlich handelsübliche Milchware.

Der aufmerksame Leser erinnert sich: Es gibt einen Unterschied zwischen dem Kakaogehalt von Milch- und echter Schokolade. Dann sind es aber immer noch zwei Kilo 100-Prozentige, die es für einen kleinen Flash zu verdauen gilt. Zuviel für einen entspannten Abend.

An ungesundem Schokohalbwissen, das alle Jahre wieder und vor allem zu Weihnachten durch die Medien genudelt wird, herrscht kein Mangel. Denn das faktische Wissen ist für den schnellen Konsum entweder zu dürr oder zu komplex – zudem alle »wissenschaftlichen« Erkenntnisse, abgesehen von Theobromin, Koffein und den wundersamen Polyphenolen, dürftig sind und an einem verengten Blickwinkel leiden. Sich die isolierte Wirkung eines Stoffes anzuschauen, ist schon bei Nitro und Glyzerin nicht sinnvoll, bei Schokolade spielen noch 600 unbekannte Bestandteile eine Rolle. Alle Aussagen, Umfragen und Feldversuche zum Thema Schokolade sollten dementsprechend statt auf dem Milch-Zucker-Mittelwert zwischen Lidl und Lindt noch einmal auf Basis von Pacaris ungerösteter 70-Prozent, Corallos unconchierter 80-Prozent und Domoris kakaobutterloser 100-Prozent getroffen werden.

Nun wäre eine sichere Folge dieser Tests das Ende der Klassifikation der genannten Produkte als Lebensmittel (und somit der unangenehme Sprung von 7 auf 19 Prozent Mehrwertsteuer) –

wenn sie nicht gleich als Bückware in ausgesuchte Headshops wandern müssten. Also sind wir lieber still. Pssssst: Kakao ist eine Naturdroge. Unbearbeitet so wirkungslos wie Mohn und Hanf. Zum Scharfmachen gehen wir nach Mexiko. Wohin sonst.

Laura Esquivel

Eines meiner zwei eindrücklichsten Restauranterlebnisse war ein Mexikaner, spätabends, im Sommer, irgendwo in L. A. im Jahr 2000. Es war – was auch sonst – sehr warm, man saß auf Holzbänken in einem großen Palmengarten mit Zeltplanen, der Boden war Sand. Das einzige Licht kam von lose verstreuten Partyfackeln und ein paar funzelnden bunten Birnen. Dann standen sie vor uns, die Teller voll Pampe, fettigen Fischen, Tieren, Soßen und noch mehr Soßen. Alles war, in dem Licht ohnehin, mehr oder weniger braun, auch der Tequila, dafür aber auf mannigfaltigste Art scharf, würzig und satt. Schon nach kurzer Zeit waren alle Hemmungen dahin, es wurde gedippt, gematscht und geteilt, Hände wurden geleckt, Reste fielen in den Sand und man war kurz davor, in aufwallender Erinnerung an seine frühere Inkarnation als Affe (oder Gangsta) mit den Füßen weiter zu essen. War Kakao drin? Keine Ahnung, höchstwahrscheinlich.

Bittersüße Schokolade, Musterbeispiel eines schlecht übersetzten Titels, verhandelt das Romeo & Julia-Thema in fleischigster mexikanischer Ausführung. Wer nicht dank Filmen wie »Amores Perros« ohnehin im Thema ist, dem sei noch einmal deutlich gesagt: Mexiko ist das Gegenteil der Steiermark. Oder der Uckermark. Jeder Berliner Aggro-Rapper würde in Mexiko-City, Tijuana oder jeder anderen Stadt des Nordens als der neuromantische Dorfpunk erscheinen, der er ist. Ich war zwar nur kurze Zeit an der

Golfküste, aber die Busfahrt von Cancún nach Belize war ebenso eindrücklich wie meine Stunden in L. A. jenseits der Besuchsgrenze, wo im Zuge eines Interviews mit der samoanischen Hip-Hop-Gruppe Boo-Yaa-Tribe auf dem Parkplatz einer für tägliche Todesfälle bekannten Highschool in South Central der Fahrer der Plattenfirma nach meiner Ablieferung mit den Worten »halt dich an den Bullen da hinten« wieder verschwand.

Die mexikanische Küche ist auf Augenhöhe: zur Hälfte verkochter Schweinefraß, zur anderen Hälfte Highlight der Hölle, wo es bekanntlich sehr warm ist – und so liegt auch über dem sehr eigenen Buch von Laura Esquivel ein ebenso anstrengender wie sinnlicher Schweißfilm. Den ganzen Tag wird gebacken und gekocht, vorgekocht, eingekocht, dauergekocht, dampft der Ofen, saugt Eingelegtes Aroma. Fermentation, kein Convenience. Wie eine gute Trinkschokolade eine kühle Nacht der Vorbereitung schätzt, erhalten viele Genussmittel ihren Reifegrad nur über mehrere Tage. Es muss kein Hefestamm aus Jahrzehnten sein. Es geht um Kakao, roh oder doppelt geröstet, und wenn Schokolade, dann sicher nicht »conchiert«. Laura Esquivel kocht nicht oft mit Kakao, aber sie kocht wie Kakao, wie Schokolade jenseits der Industrie: frisch eingekauft und genauso verarbeitet, wie es für großen Geschmack sein muss.

Maricel Presilla

Das in Kapitel 2 angesprochene andere empfehlenswerte Buch zum Thema ist auf dem Tisch der Schokoladenbildbände und Rezeptbücher kaum zu entdecken, zudem es auch nur *Schokolade* (und nicht wie im Original *The New Taste of Chocolate*) heißt und durch den vom deutschen Verlag dazu erfundenen Untertitel *Die süßeste Versuchung* nochmals mehr in die falsche Richtung weist. Immerhin: Die auf solche Lockmittel anspringende Käuferschicht bekommt damit unverhofft viel Wahrheit – allen an Kakao Interessierten sei trotz verwirrendem Layout und vielen unnötigen Bildern zur Lektüre des Buches geraten. Maricel Presilla, Jahrgang 1958, ist gebürtige Kubanerin, ihre Großeltern betrieben eigenen Anbau. Sie ist mit Früchten, nicht mit Nesquick aufgewachsen und so präsentiert sich auch ihr Buch als geballtes Wissen um Bohnen, Früchte, Genetik und dem daraus folgenden Geschmack.

> »*Die Kakaokultur ist Kunst und Wissenschaft in einem und was das bedeutet, sollte allen Schokoladenliebhabern klar sein.*«
>
> MARICEL PRESILLA, SCHOKOLADE

Wie bei Laura Esquivel wird auch hier ständig probiert, gerieben, gemahlen und gekocht, vor allem natürlich Trinkschokolade – für Presilla wie für ganz Lateinamerika eine Flüssigspeise mehrerer Kapitel füllender Spannbreite. Hier ein ihrem Buch entnommenes historisches Rezept:

Criollo-Bohnen aus den kolumbianischen Anden werden schonend zermahlen, der Masse Zimt beigemischt und mit Wein (!) benetzt. Schließlich werden einzelne Riegel in Papier eingeschlagen und für die Dauer von acht Jahren (!!) in Zedernholzkisten eingelagert. Einen derart gereiften Riegel gibt man nun in zuvor aufgekochtes Wasser und lässt es ein zweites Mal langsam aufkochen.

Kakaokinder

Die einzige Feldstudie, die mich nachhaltig beeindruckt hat, stammt von 2004 und kommt aus Finnland. 300 schwangere Frauen sollten hier aufschreiben, wie viel Stress sie während der Schwangerschaft gehabt und wie viel Schokolade sie gegessen hatten. Im zweiten Teil sollten die Frauen das Verhalten ihres mittlerweile sechs Monate alten Nachwuchses beurteilen.

Das Ergebnis war eindeutig: »Die Kinder der Frauen, die täglich Schokolade gegessen hatten, waren lebhafter, leichter zu beruhigen und lachten oder lächelten häufiger. Auch schien diesen Kindern Stress in der Schwangerschaft nicht so viel ausgemacht zu haben wie denen, deren Mütter weitgehend auf Schokolade verzichtet hatten: Sie hatten deutlich weniger Angst vor neuen Situationen.« Wenn dies also schon mit Fazer (der finnischen Industriemarke) in Vollmilch möglich ist, wie viel mehr geht dann wohl mit Domori? Oder einer mexikanischen Flüssigspeise? Werden die Kinder fliegen können? Werden wir die neuen Maya?

Blend

In den Anfangsjahren meines Ladens war ich der verblendeten Überzeugung, jeder Blend sei allein der Unfähigkeit, ein eigenes Leben führen zu können, geschuldet. Vom Wunsch nach Sortenreinheit getrieben, waren mir nur Rio Caribe, Sur Del Lago und Sambirano heilig. Die Aussage von Vater Hamann, dass ein guter Blend besser ist als die einzelnen Bohnen, erschien mir als typisch genügsam-unwissende Alterserscheinung. Fünf Jahre später nehme ich alles zurück und behaupte das Gegenteil, eigener Versuche und sprachbegabter Stimmen sei Dank.

Tita, Laura Esquivels Protagonistin, bereitet Trinkschokolade: Ein Kilo Soconusco, ein Kilo Maracaibo, ein Kilo Caracas. Zwei bis drei Kilo Zucker, nach Geschmack. Und sie sagt: »Drei Voraussetzungen müssen dabei erfüllt sein: dass nur gesunde und unverdorbene Kakaobohnen verwendet werden, dass eine Mischung verschiedener Kakaosorten als Grundlage benutzt und dass Kakao vorschriftsmäßig geröstet wird.«

Der Blend ist die Unterschrift des Kochs, erst recht des Chocolatiers. Da wir aber weder 20 verschiedene Bohnen einkaufen können, noch präzise wissen, wie »vorschriftsmäßige Röstung« geht, gilt der Politik der Häuser Domori, Bonnat, Pralus und Valrhona, jede verarbeitete Bohne als Schokolade zu präsentieren, trotzdem unser Dank. Ist dies doch der erste Schritt in die schöne Zukunft fliegender Händler, die auf Märkten und nach vorherigem Anruf in der eigenen Werkstatt diverse frische Bohnen parat haben und bei allen Fragen der Verarbeitung Rat wissen. Womit dann jeder, der nicht Bauer ist, seine eigenen Blend herstellen kann bzw. muss, denn er ist ja wie alle anderen tausend Chocolatiers auf genau dieses Angebot angewiesen und kann nicht als Bauer selbst an der Qualität der Bohne drehen. Was auf Seiten qualitätsversessener Hersteller wie Original Beans, Pacari, Domori oder Zotter zu immer mehr Bauer-Chocolatier-Allianzen führt.

Musik II: Lalo, Ennio, Henry, Fela & Lee

Musik, die mit Schokolade und Kakao von A bis Z harmoniert, stammt meiner bescheidenen Meinung nach von einer Handvoll nahezu gleichaltriger Männer, die sich in zwei Kategorien einteilen lassen: Schokolade und Kakao.

Mein liebster Schokoladenkomponist ist der 1932 geborene Argentinier Lalo Schifrin. Er ist vor allem durch das Thema von »Mission: Impossible« bekannt (dem im Tom-Cruise-Blockbuster recycelten 1966er Fernsehoriginal, in dem auch Eartha Kitt einen Gastauftritt hatte) und ein Mann von gewaltiger Bio- und Discografie.

Mit sechs Jahren lernte er bei Daniels Vater Enrique Barenboim Klavier, studierte mit 20 am Conservatoire de Paris bei Olivier Messiaen und trat parallel in Pariser Nachtclubs als Jazzpianist auf. Von 1956 bis 1963 begleitete er Dizzy Gillespie als Arrangeur und Komponist, arbeitete mit Astor Piazzolla, Sarah Vaughan, Ella Fitzgerald, Stan Getz und Count Basie. Hundert Film- und unzählige US-Fernsehmusiken später war er von 1987 bis 1992 musikalischer Direktor des Philharmonischen Orchesters von Paris und dirigierte zeitgleich jedes bedeutende Orchester der Welt von London über Wien bis Mexiko. Neueren Datums sind vier rundum gute Veröffentlichungen unter dem abschreckenden Titel »Jazz Meets The Symphony«. Auch wenn ich, wie meist in Retrofragen, die Werke der 60er am liebsten mag, gibt es trotzdem keine Platte, die ich hervorheben würde. Schifrin ist seine eigene geschmackvoll-singuläre Brücke zwischen den Welten Symphonie, Jazz, Tango, Latin, Bossa etc. Sein Werk ist die gesamte Welt der Schokolade, wie sie hätte sein können: elegant, verspielt, lecker, frei und vor allem reich.

Der Italiener Ennio Morricone (*1928), von Hause aus Trompeter, ist ein ähnlicher und doch ganz anderer Geist. Bekannt vor allem durch die Erkennungsmelodien aller Sergio-Leone-Klassiker, stecken in seinem stilistisch noch weiter gefassten filmmusikalischen Schaffen jede Menge Psychedelik und allerlei Abgründe. Wer hier mehr als die Westernhits (die weltbeste Chilischokolade) kennt, weiß: Morricone ist ein Fall für die sehr experimentelle, wahrscheinlich bewusstseinserweiterte Schokoladen-küche.

Henry Mancini (1924–1994), amerikanischer Sohn italienischer Eltern, ist der Älteste und zugleich das Mousse dieses Soundtrack-Trios. Seine Hits, allen voran die Filmmusik zu »Frühstück bei Tiffany« und »Der rosarote Panther« sind oskarbeladene Pralinen der 60er Jahre. Doch wie zuckrig die Streicher auch klingen, in Sachen Qualität und Komplexität kann Mancini mit dem in den 60ern ebenfalls brillanten James-Bond-Maestro John Barry locker mithalten und bietet dazu kinderfreundlichen Humor. Weit mehr als Sachertorte.

Auf der Kakaoseite stehen zwei Legenden, in deren Mutterländern die Bäume wachsen. Fela Kuti (1938–1997), Nigeria, ist das afrikanische Pendant zu James Brown, John Coltrane, Miles Davis und Hugh Hefner in einem. Kutis Afrobeat ist eine ausufernde geordnete Improvisation, ein zutiefst weltlicher, auf genussvolle Revolution zielender Gottesdienst in Sachen Jazz, Funk, Soul, Balz, Fermentation und rituellem Erntedank.

Lee Perry (*1936) hatte wie die gesamte jamaikanische Musik keinen Kontakt zu den edlen Rum- und Kaffee-Exporten der Insel. Er ist der Alchemist der Subkultur Reggae, dem nicht nur Bob Marley alles zu verdanken hatte, bevor er Anfang der 70er allein in seinem Black Ark Studio mit Tonband und Effektgeräten den Rhythmus oder Riddim über die Stimme erhob. Verrückt im besten Sinne darf er als musikalischer Vorläufer von Claudio Corallo gelten, wenn es darum geht, mit rudimentären Mitteln bzw. Rohmaterial vollendete Magie zu schaffen. Dass er seit mehr als zehn Jahren als alternder Paradiesvogel in der Schweiz lebt, gibt der Geschichte noch eine andere psychedelische Rundung.

Charlie

»Der Wasserfall ist sehr wichtig! Er rührt die Schokolade
um und schlägt sie und macht sie leicht und schaumig.
Keine andere Schokoladenfabrik auf der ganzen Welt
lässt ihre Schokolade von einem Wasserfall mixen. Aber
es ist die einzige richtige Methode!«

ROALD DAHL,

CHARLIE UND DIE SCHOKOLADENFABRIK

1964 erschien Roald Dahls Buch *Charlie und die Schokoladen-*
fabrik, ein fantastisches Meisterwerk aus durchgeknallten, abstoßenden und bemitleidenswerten Erwachsenen sowie einigen
kaputten Kindern. Und Charlie. Der ist zugegebenermaßen viel
zu gut, um wahr zu sein, aber sei's drum. Über Schokolade erfährt
man abgesehen von der obigen, höchstwahrscheinlich genialen
Idee nichts – sie ist die typische Nachkriegsmetapher der für einige immer noch unerreichbaren süßen Herrlichkeit.

Willy Wonka, der geniale Despot, verweist auf den US-Indus-
triepionier und »gütigen Diktator« (Coe & Coe) Milton Hershey,
der um die vorletzte Jahrhundertwende in Pennsylvania seine eigene Schokoladenstadt errichtete. Nur dass alles, was bei Hershey
das Bild ins Negative wendet, ausgelassen wird. Denn Wonkas
Fabrik wird nicht von Menschen betrieben. Er hat im Urwald
eine Sekte von Alien-Pygmäen rekrutiert. Die Umpa-Lumpas sind
der feuchte Traum jedes Unternehmers: ungemein produktive,
bestens organisierte und nie widersprechende Arbeitsbienchen,
die zu ihrem Glück nichts als das brauchen, was in der Fabrik zu
Tonnen herumliegt: Kakaobohnen. Dank dieser Belegschaft ist
Wonka der größte und freieste Unternehmer aller Zeiten, ein des-
potischer Daniel Düsentrieb, Miraculix, ein wirrer Professor ohne

Kinder (wie Hershey), dafür voll von Spleen und Leidenschaft. Der – Kinder hin oder her – unbeirrt seinen Kurs fährt: Wer was wissen will, muss genau hinhören. Unangenehme Fragen werden nicht beantwortet. In der neuen, angemessen spleenigen Verfilmung von Tim Burton spielt der Wahlfranzose Johnny Depp zum zweiten Mal in einer großen Hollywood-Schokoladen-Produktion die Hauptrolle, diesmal aber nicht als romantischer Herzensbrecher, sondern als asozialer Narziss und großes Kind, das andere Kinder nur mit Handschuhen berührt.

Noch wunderlicher aber ist die sieben Jahre später veröffentlichte Fortsetzung des Buches *Charlie und der große gläserne Fahrstuhl*. Bevor Charlie von Wonka die Fabrik bekommt und dort mit seiner wesentlich aus Großeltern bestehenden Sippe (es ist wie im wahren Leben: die Eltern sind von der Arbeit viel zu abgerockt, um wirklich in Erscheinung zu treten) einzieht, gilt es noch den letzten zwei Kakaoboy-Geboten (siehe Kapitel 1) nachzuspüren.

Der Einzug in der Schokoladenfabrik, mit dem Charlie I endet, gestaltet sich sehr eigen. Kaum hat die ganze Sippe samt Doppelbett den allmächtigen gläsernen Fahrstuhl betreten, gilt es noch, eine Probe zu bestehen. Mit gutem Herz und goldenem Los allein ist der größte Hauptgewinn der Erde eben doch nicht zu haben. So geht es mit dem Fahrstuhl erst ins Weltall und dann zum Mittelpunkt der Erde. Überall muss Charlie beweisen, dass er die Situation im Griff hat – ängstliche Eltern, durchgeknallte Großeltern, die noch durchgeknalltere Regierung der Vereinigten Staaten und natürlich diverse Monster machen ihm das Leben schwer. Es ist wie bei »Zurück in die Zukunft« – der Professor hat die Technik und das Know-how, der Junge die Intuition. Das Rezept für Erfolg, das Rezept für Schokolade.

Genuss

Mein anderes erinnerungswürdiges Restaurant-Ereignis fällt ins Halbdunkel der Pubertät. Ich war circa 15 und mit Mutter und Tante in Paris, zu dritt folgten wir einer Essensempfehlung in entlegene Außenbezirke. Ich erinnere eine rote Laterne in einer ansonsten halbdunken Straße, dahinter einen kleinen, privat anmutenden Gastraum mit höchstens fünf Tischen. Außer einem einzelnen Zeitungsleser waren wir die Ersten und mussten warten, während in der halboffenen Küche ein Ehepaar achtarmig fuhrwerkte. Eine Stunde später (und circa drei Stunden nach meiner normalen Essenszeit) war der Laden voll und die Schüsseln begannen zu kreisen. Es gab keine Karte, keine Auswahl, dies war das Menü – nimm und reich weiter. Die Anzahl der Gänge kann ich nicht benennen. Es waren aber mindestens zehn. Darunter fast nur Dinge, die ich noch nie zuvor gesehen, gerochen und geschmeckt hatte: Pasteten, Terrinen, Eintöpfe, Aufläufe, irrsinnige Kombinationen aus Fischen, Meeresfrüchten, Fleischteilen und Käsen unbekanntester Art.

Das elfte und wichtigste Kakaoboy-Gesetz habe ich ausgelassen, denn es lässt sich nicht recht in Worte fassen. Wenn überhaupt, dann mit freundlicher Ratgeber-Rhetorik: »Versuche, Genuss zu lernen.« Das ist der einzige Weg zu diesem großen Thema unserer Zeit. Sich Zeit nehmen – das ist der Anfang. Zum Beispiel, um ein gutes Buch zu lesen. Eine ganze Platte zu hören. Oder sich in eine Schokolade fallen zu lassen.

»Die Basis allen Wohlbefindens und aller Lebensqualität ist die Harmonie von Gesundheit und Genuss; sie zu gewinnen ist aber nur möglich, wenn man auch genießen kann – also Genussfähigkeit besitzt«, schreibt der Nürnberger Genussforscher Reinhold Bergler.

Eines der wichtigsten Schulfächer der Zukunft – Meditation & Genuss – findet bis dato trotzdem keine Lobby, weswegen der Aufruf zu Genuss die meisten Menschen vor ähnliche Probleme stellt wie der Wunsch, von jetzt auf gleich Mandarin zu sprechen. Einen Genussmenschen von einem genussunfähigen Menschen zu unterscheiden ist eine Frage der Ausstrahlung und zumeist einfach. Dass auch fragwürdige Gesellen wie Lafontaine, Sarkozy und Berlusconi eindeutig Genussmenschen sind, ist eine wesentliche Erklärung für ihren Erfolg und muss als Nebenwiderspruch ertragen werden.

Zum Beispiel Jamie Oliver

Weder besitze ich ein Buch vom Kochbuchverkäufer Nummer eins, noch habe ich eines gelesen. Die von ihm ausgehende Entspannung in Sachen »gutes Essen« ist mir aber, wie seinen Millionen Fans auch, grundsympathisch. In diesem Sinne möchte ich aufwändigen Exzessen wie dem Menü aus Kapitel 5 und den jetzt folgenden Versuchsanordnungen eine entspannende Botschaft hinterher- und vorausschicken: Das ruhige Aufkochen einer guten Schokolade in Wasser oder Milch ist als Weg zur Erkenntnis ebenso erfolgversprechend wie die große Schokoladenoper. Was aus dem erwärmten Topf aufsteigt, ist nichts anderes als der Geist der Wunderlampe. Der kann zwar nicht jeden Wunsch erfüllen, aber man hat auch gar keinen mehr – außer dem, die Zaubersuppe endlich zu trinken.

Zur Vorbereitung der folgenden Genusssituationen empfehle ich allen stressgeplagten Menschen eine professionelle Massage, Meditation, Sauna oder die gerade notwendigste Form der Entgiftung.

ADC (After Dinner Club) I – Sitzend

Die Kinder schlafen. Auch wenn ich sie liebend gern in fast alles Nasen und Finger reinstecken lasse – irgendwann ist Schluss und der etwas komplexere Erwachsenenspaß beginnt. In unseren Breiten je nach Jahreszeit, im Sommer um zehn, im Winter um neun. Wichtig und deswegen namensgebend ist, dass wir zu Abend gegessen haben. Niemand ist hier, um Hunger zu stillen. Unsere Schokolade ist nicht zum Essen da.

Die offizielle, anonyme ADC-Sitzung ist ein organisiertes Gruppen-Blind-Date Die Beteiligten sind sich nicht persönlich bekannt, man weiß nicht, welches Band-T-Shirt unter der Jeansjacke des freundlichen Handwerkers zum Vorschein kommt, oder ob sich der wortgewandt-ironische Anwalt als Parteigänger auf Mitglieder-Acquise outet. Aber selbst wenn: Es könnte schlimmer kommen. Schließlich haben alle, die sich auf diesen Abend verständigt haben, nicht nur ordentlich Zeit oder Geld darin investiert, sie *wollen* genießen. Und dass linke Fundamentalisten dies immer noch nicht drauf haben, ist ja leider historisch, tragisch und bekannt.

Eine Handvoll ADCs habe ich mit Freunden und Unbekannten bislang abgehalten, alle waren interessant und gut – aber nicht so gut, wie ein solcher Abend sein kann. Wie am Anfang des Buches gesagt: Spaß kommt nicht von ungefähr, vor allem nicht für den Veranstalter. Deswegen ist es nicht nur wichtig, sondern unablässig, alles so perfekt vorzubereiten, dass man sich kurz zuvor noch eine Massage gönnen kann, sich aber auf jeden Fall in Ruhe umzieht und die Sache mit Lust angeht. Götterspeise ist im Haus.

Und das sind die Voraussetzungen für einen gelungenen Abend:

Die einfachen Regeln des Lebens

★ ein schöner Raum von mindestens 40 Quadratmetern

★ ein Tisch für 12 bis 16 Personen

★ bequeme Stühle

★ zwei gute Mitarbeiter, die den Service übernehmen und nach Absprache mitmoderieren

★ warmes Licht, das nur den Tisch beleuchtet, plus ein, zwei Spots im Raum

★ eine Musikanlage, die den Raum ohne Hall und andere Störgeräusche mit hintergründiger Präsenz füllt

★ die Musikauswahl: atmosphärisch, aber keinesfalls beliebig; empfehlenswert: die großen Filmmusiken der Genannten: Schifrin, Barry, Mancini, Morricone und Burt Bacharach; klassischer 60er-70er Reggae/Dub von Studio One und Lee Perry; klassischer Miles Davis; zum Ende Afrofunk von Fela Kuti und spiritueller Jazz von Alice Coltrane; nach Belieben eingemischt (aber keine langen Strecken) Minimal Techno, Ambient und so genannter Trip-Hop (Massive Attack, Portishead, Air, Flying Lotus). Am besten ist es, zwei bis drei Mixe vorzubereiten, die die für den Abend beabsichtigte Spannungskurve haben. Das kann auch zum Grooven sein, schließlich muss man auch mal aufstehen. Und dann nicht gehen, sondern tanzen

★ eine Flasche solider Champagner zur Begrüßung

★ 12 bis 16 Trüffel. Rezeptur: 2/3 Domori 75 Prozent, 1/3 Sahne. Etwas schwach entöltes Kakaopulver zum Wälzen

★ Olivenöl

★ zwei verschiedene Sorten saftiges Sauerteigbrot (Weizen und Roggen)

★ stilles Wasser

★ 184 ★

* zwei Sorten frisch geröstete Kakaobohnen mit Haut (jeder muss selbst schälen)
* Früchte: Birnenscheiben, Mango, filetierte Blutorangen, kandierte Zitronen
* mindestens vier Sorten Käse: weicher Brie, Schaf, Ziege, Rohmilch; nicht zu alt
* Frucht- und Essigreduktionen
* evtl. etwas Parmaschinken
* eine Pastete/Terrine
* drei hochwertige Milchschokoladen
* vier 70- bis 80-Prozentige
* zwei 100-Prozentige
* eine selbstgemachte Praline

Empfehlenswert ist, den Ablauf minutiös zu planen. Abweichen kann man immer noch. Nur wer sein Instrument beherrscht, darf improvisieren. Deswegen gibt es nicht mehr als sechs Versuchsanordnungen – meine liebsten sind die Kombination von zuckerlosem Mousse und Früchten sowie die nackte, aber gut gemischte Käse-Schokolade-Platte – und höchstens vier verschiedene Alkoholika, den Champagner nicht mit eingerechnet.

Zu Beginn ein schlanker Weißer, Sylvaner, Elbling oder Grauburgunder. In der Mitte ein wohlgewählter Roter, gerne aus dem spanisch-französischen Grenzbereich. Zum Abschluss ein zehnjähriger Port und ein mindestens doppelt so alter Whisky. Der dazugehörige Ablauf ist die Steigerung des Kakaogehalts. Wen das langweilt, der soll die Gegenrichtung ausprobieren. Nur über das dargereichte Bohnenerzeugnis muss jederzeit Klarheit herrschen, woher und wie behandelt. Die Terrine gehört in die Mitte, drumherum gibt es Käse mit Chutneys oder Reduktionen. Der Rest ist die Kakaogeschichte, die man erzählen möchte. Von der

Fermentation. Von der Röstung. Vom Zermahlen. Von Zucker und Milch. Von Criollo. Trinitario. Mexiko. Madagskar. Venezuela. Indonesien. Frankreich. Belgien, Schweiz. Italien. Chili. Vanille. Bio. Fair Trade. Aber nicht alle und vor allem nicht auf einmal. Jeder Versuch, alle Themen dieses Buches an einem Abend mit Geschmacksproben zu erleuchten, führt nach meiner Erfahrung nicht zum Genuss. Deswegen ist die Musik so wichtig, denn nicht alles lässt sich mit Worten erklären.

Also in Star-Wars-Lingua gesagt: Möge der Geschmack mit dir sein. (Dass dafür eine besonders gute Ausbildung nötig ist, versteht sich für einen Jedi von selbst.)

ADC II – Liegend

Man kann es auch etwas weniger förmlich betreiben. Ein Leben für den guten Abend. So wie die neue Party-Generation, die seit ein paar Jahren die Hauptstadt belagert, um sich die besten Wochenend-Flashs zu besorgen. Nur mit mehr Ruhe. Dummerweise ist aber auch für den epikureischsten Plan in Sachen Schokolade mehr Vorbereitung nötig, als den Türsteher, die Dealer und den DJ zu kennen. Denn das alles sind wir selbst.

Das Einfachste ist die Tür: Nach maximal zehn Leuten, besser acht, wird geschlossen. Die Mindestzahl ist vier. Für weniger ist zu viel zu tun, zudem gibt es kein Publikum. DJs und Dealer gibt es überall, nun braucht es einen geschmeidigen Mitspieler, der sich gerne eine Stunde in der Küche aufhält und dafür ebenso bevorzugt versorgt wird wie der- oder diejenige, der oder die sich als Gastgeber mit dem Service abgibt. Kurz gesagt: Jeder hat einen Job, den er gut kann und gerne macht. Die maximal zwei Gäste, die nix als schnacken können, müssen darin ihr Bestes geben, was sich aber bei diesem Abend von alleine ergibt. Denn wir trinken kein schales Bier aus Plastikbechern, müssen keine schlechte Musik aus schlechten Anlagen und drängelnde Menschenmassen ertragen und sitzen auch nicht auf unbequemen Stühlen am halogenbestrahlten Tisch. Nein, wir sind im Himmel. Dessert first. Wir fläzen uns in bequeme Möbel und starten das Leben mit der Nachspeise, die sich als Vorspeise entpuppt. Mousse au Chocolat ohne Zucker. Zucker extra. Nimm selbst. Du wirst es freiwillig lassen.

In der Vorbereitung unterscheidet sich die tiefergelegte Variante wenig von ihrem förmlichen Pendant. Auch hier gilt es, ein gut komponiertes Buffet bereit zu haben und mit Gefühl für Timing und Fluss anzubieten. Auch hier ist etwas Disziplin vonnöten – sonst tritt ein jeder die Reise allein an, alle schweigen oder monologisieren vor sich hin. Wie in modernen Urlaubs- und Lebensgemeinschaften geht es darum, die Begegnungen zu planen und nach Möglichkeit niemanden zurückzulassen.

Zu Beginn muss erst einmal für zehn Minuten Ruhe sein. Jeder hat sein kleines Startergedeck mit Kakaobohnen und zwei aus diesen Kakaobohnen hergestellten Schokoladen, 100 Prozent und 70 Prozent. Jetzt zählt die Musik, nicht laut, aber gut: zwei bis drei Stücke, die in Sachen Soul und Sex alles geben. Kurzstrecke Freistil, ein Traumjob für jeden Hobby-DJ.

Raum und Mobiliar sind wichtig. Statt Galerieatmosphäre ist ein Kaminzimmer vorzuziehen. Idealerweise gibt es für jeden Anwesenden eine Sitz- und eine Liegemöglichkeit in Form großer Ecksofas und Sessel, die verschiedene Gruppierungen ermöglichen, trotzdem aber von einem Sprecher aus erreichbar sind. Dazwischen aufgeteilt zwei, drei kleinere Couchtische, groß genug, um darauf mindestens vier Schüsseln, vier Frühstücksbrettchen, vier Weingläser und vier Wassergläser unterzubringen. Noch besser sind ausreichend Hocker mit Platz für die vier Geschirrteile jedes Anwesenden. Das Licht kommt ausschließlich aus knapp über den Genusswaren hängenden 40-Watt-Spots. Denn was bei aller Lässigkeit nicht geht, ist, den Speisen keine Aufmerksamkeit zu schenken.

Den DJ-Koffer kann man aus der offiziellen Runde übernehmen. Weniger Mancini, mehr Morricone. Dazu Jan Delay, Wackies, Ray Barretto, Ween, Rhythm & Sound, Common, äthiopischer Funk aus den 70ern, finnische Elektronik, aktuelle Erzeugnisse aus den Häusern Warp, Ninja Tunes und Stones Throw und das Beste im aktuellen Pop. Am besten auch als Mix, davon aber mindestens vier sehr verschiedene, dazu ein CD-Wechsler mit Fernbedienung.

Die Genusswarenaustattung gilt es etwa zu halbieren. Drei, maximal vier Highlights, ein Wein und ein Rum oder Whisky reichen völlig aus. Hier muss nichts Schlechtes identifiziert werden. Was den Aufwand von Pasteten und Reduktionen angeht, so plant man einen solchen Abend am besten in unmittelbarer Nachfolge eines sitzenden Events – davon bleibt immer etwas übrig. Ebenso wie Käse, der nur noch mal aufgeschnitten wird. Nur die Früchte müssen frisch sein, geschält und filetiert. Alles andere wird rumgereicht: ein kleiner Topf mit Mousse und Löffel, vier Schüsseln mit Gewürzen. Zum Ende hin darf geraucht werden.

Rausch I

Ich erwähnte es am Anfang: ich komme aus Peine. Kurz nachdem wir unser Haus dort verkauft hatten, errichtete das am Berliner Gendarmenmarkt präsentierende Schokoladenunternehmen Fassbender & Rausch am Peiner Autobahnzubringer seine Fabrik.

Ich habe alle Produkte probiert. Nein, ich habe sie weggefuttert. Einen Rausch gab es nicht.

Rausch II

Wann ist die Party zu Ende? Wenn der letzte Nerv, der noch aufbegehrt, befriedigt ist. Wer es nicht nach Hause schafft, liegt nachschmeckend, leise murmelnd oder bereits eingeschlafen auf den Sofas. Die Musik übernimmt eine Handvoll guter Stücke lang. Dann ist es gut.

Glossar

Bohne

Im Gegensatz zur Kaffeebohne ist die Kakaobohne gar keine Bohne, sondern der Samen der Kakaofrucht. Im Vergleich zum Samen der Coco-de-Mer-Palme, der bis zu 22 Kilogramm schwer werden kann, ist der Kakaosamen mit seinen paar Gramm zwar recht klein, im Vergleich zu den meisten anderen Pflanzen aber ziemlich groß. Und ziemlich geschmackvoll.

Chocolatier

Französischer Titel ohne Brief und Siegel. Derzeit ähnlich inflationär gebraucht wie »Superstar«, bezeichnet die Worthülse als kleinster gemeinsamer Nenner all jene, die in irgendeiner Form mit Schokolade arbeiten. Das Handwerk des »Schokoladenmachers« erlernt man in der Konditorei oder Patisserie, in der Industrie führt der Weg über die Lebensmitteltechnologie.

Conche

Gegen die Idee, das ermüdende Hin und Her der bohnenzerkleinernden Rollbewegung auf dem Metate-Stein von einer Edelstahl-Maschine verrichten zu lassen, ist nichts zu sagen. Ich wollte diese Arbeit gewiss nicht per Hand machen – es sei denn für mich selbst. Wahr ist, dass eine dreitägige Massage die Bohne unendlich weich macht. Wer das will, soll es tun. Doch auch die offizielle Darstellung der Conche als Zauberkiste, in der Schmelz und feines Aroma entstehen, ist richtig. Natürlich wird der dickflüssige Brei immer feiner, er verliert aber bei jedem Luftkontakt auch eine Wolke Aroma. Die Conche sollte also nur einsetzen, wem das Aroma der gerösteten, gemahlenen Bohne zu viel ist oder nicht gefällt.

Criollo

Pflanzen-, Frucht- und Bohnenbezeichnung zwischen Mythos und Biologie. Theobroma-Spezies, die sehr helle Bohnen mit wenig Säure und Bitterstoffen, dafür aber viel feinen Aromen hervorbringt. Wird wahlweise als nahezu ausgestorben (0,01 Prozent des Weltkakaobestandes) bezeichnet, findet sich werblich aber auf derart vielen Produkten, dass man misstrauisch werden sollte.

Droge

Gemeint sind nicht in einer Drogerie erhältliche psychoaktive Substanzen, wobei die Frage wie und ob Alkohol dazuzuzählen ist, gesellschaftlich kontrovers beantwortet wird. Bei Hanfblüten sieht die Sache ähnlich aus, aber mit anderer Gewichtung. Schokolade erscheint auf dem jetzigen Stand der Erkenntnis und Verarbeitung diesbezüglich unbedenklich. Wenn man jedoch, wie in diesem Buch angesprochen, der Schokolade Hasch oder Marihuana hinzufügt – was auch unter geschmacklichen Gesichtspunkten nicht uninteressant ist –, zeigt sich einmal mehr, welch potenter Träger die Substanz sein kann.

Dutching

»Der Niederländer Coenraad Johannes van Houten entwickelte um 1830 den so genannten Dutch process (auch Dutching), bei dem Kakao durch Behandlung mit Alkalien wie Natriumcarbonat (Soda, Na_2CO_3) weniger sauer, besser wasserlöslich, dunkler in der Farbe sowie weicher im Geschmack wird. Das Produkt wird aufgrund der verbesserten Eigenschaften in vielen Produkten wie Schokolade oder Eiscreme eingesetzt. Der Prozess vermindert die Menge der im Kakao enthaltenen Antioxidantien.« Schreibt Wikipedia. Ich meine: eine gesundheitlich wie geschmacklich fatale Praxis.

Fermentation

Kultivierter Verrottungsprozess, in dessen Verlauf die von Fruchtfleisch umgebene Bohne ihre aromatischen Qualitäten entwickelt. Als unattraktive Notwendigkeit jahrzehntelang totgeschwiegen, als einer der bedeutsamsten Schritte auf dem Wege zum großen Geschmack in diesem Buch beständig thematisiert.

Forastero

Forastero ist eine Varietät des Kakaobaums und der meistverbreitete Kakao auf dem Weltmarkt. Als die biologische Tatsache unterschiedlicher Bohnen noch das Geheimwissen einer kleinen Schar von Eingeweihten war, traf man hier und da auf Produkte, vor allem Trinkschokoladen, die als »Forastero« beworben wurden. Angesichts der nunmehr umgreifenden Erkenntnis, das »Forastero« als Signet auf einem Kakaoprodukt von gleicher qualitativer Signifikanz ist wie »Weizen« auf einem Brot, »Kuh« auf einer Milchpackung oder »Made in China« auf einem Spielzeug, ist diese Praxis wieder ausgestorben.

Gianduia

Aus der Not mangelnder Kakao-
zufuhr geborene italienische Süß-
speise: eine fein vermuste Kombination aus Haselnuss, Zucker
und mehr oder weniger Kakao mit
mehr oder weniger oder gar keiner
Milch. Spätestens durch Signor Fer-
reros süße Wucht im Glas namens
Nutella und Hunderte von Nuss-
Nougat-Adepten ein globalisiertes
Monstrum, welches die Welt der
Schokolade ähnlich beherrscht wie
Nestlés Milchpulver.

Kakao

Ist eine Pflanze, eine Frucht, der Samen des Kakaobaums.

Mühle

Wie vermahlt man Kakaobohnen
bzw. ihren Nibs genannten Bruch
am besten? Die Steinmühle, die
Metallmühle, die Kugelmühle sind
allesamt mit Vor- und Nachteilen
behaftet. Ein guter Grund, Maschi-
nenbau zu studieren.

Pulpe

Das weiße Fleisch der Kakaofrucht,
ein noch unbekanntes Genussmittel. Aus Brasilien wird von dessen
frisch-fruchtigem Geschmack berichtet, wobei als aromatischer Quer-
verweis die Lychee-Frucht benannt
wird, der nicht unbedingt große ge-

schmackliche Macht nachzusagen
ist. Entsprechend hat Mutter Natur
die Pulpe wohl tatsächlich nur zum
feuchtigkeitsspendenden Fermenta-
tionsmantel der Bohne erdacht.

Temperieren

Damit die Fett- und Zuckermoleküle
von Schokolade auf zartschmelzen-
de und oberflächensaubere Weise
erhärten, muss eine präzise Tem-
peraturdramaturgie eingehalten
werden, die, abhängig vom Kakaogehalt, bei den drei Farben Weiß,
Milch und Dunkel jeweils etwas anders aussieht. Reine Physik!

Trinitario

Eine Varietät des Kakaobaums,
die auf der Insel Trinidad ent-
stand. Als dort 1727 durch eine
Naturkatastrophe ein Großteil des
Criollobestands vernichtet wurde,
forstete man mit Forastero aus Ve-
nezuela auf. Durch die natürliche
Hybridisierung der verbliebenen
Criollopflanzen und Forastero ist
Trinitario die rundum glückliche
Wiedervereinigung von schlichtem
Pragmatismus und utopischer Ver-
feinerung. Die gottgewollte, ge-
schmackliche Umsetzung einer
Pop-Praxis »You got the looks, I got
the brains, let's make lots of money«
(Pet Shop Boys).